권력자의 심리를 묻다

권력자의 심리를 묻다

지은이 최진
펴낸이 임상진
펴낸곳 (주)넥서스

초판 1쇄 인쇄 2019년 9월 2일
초판 1쇄 발행 2019년 9월 6일

출판신고 1992년 4월 3일 제311-2002-2호

10880 경기도 파주시 지목로 5 (신촌동)
Tel (02)330-5500 Fax (02)330-5555

ISBN 979-11-6165-743-1 03340

www.nexusbook.com

President's psychology

권력자의
심리를
묻다

최진 지음

우리가 몰랐던 권력자의 모든 것

지식의숲

요즘도
왕후장상의 씨는
따로 있는 걸까?

부자가 되고 권력자가 되려면 특별한 '피'가 필요할까? 요즘도 왕후장상의 씨는 따로 있는 걸까? 결론부터 말하자면, 그렇다. 내가 30여 년 동안 기자, 공직자, 교수의 길을 걸어오면서 만났던 숱한 성공한 사람들(샐러리맨, CEO, 공직자, 정치인, 대통령)의 피는 확실히 달랐다. 이들 권력자의 피는 무엇이 다르고, 우리는 어떻게 해야 하는가? 그 답을 구체적으로 제공하고자 한다.

짐작했겠지만 여기서의 '피'는 DNA 유전자가 아니라 '성격+습관+에너지'를 의미한다. 우리는 일상생활 속에서 작은 변화를 통해 우리의 '피'를 바꾸고 빠르게 성공할 수 있다. 우리가 매일 먹고 마시는 음식 속에 놀라운 성공의 원리가 있다. 또 누구에게나 있는 트라우마, 유머 감각, 혈액형, 형제자매, 부모 관계, 신앙 속에도 중요한 성공의 원리가 있다. 이것들은 실제로 우리의 피(DNA 유전자)와 관련이 있다. 이 책을 재미있게 읽다보면, 자연스럽게 '생활 속의 7가지 성공 원리'를 터득하게 되고, 머잖아 멋진 날이 오리라 믿는다.

나는 이 책에서 세계적으로 공인된 학자들의 이론을 우리 현실에 적용했다. 동시에 내가 연구해온 이른바 '융프라우 원리', 즉 칼 융(Carl Jung), 지그문트 프로이트(Sigmund Freud), 해럴드 라스웰(Harold Lasswell)의 심리학 이론을 권력자들의 심리 분석에 적용했다. 국내외 이론을 크로스 체킹한 것이다. 구체적인 사례로는 내 전공 분야인 대통령 이야기들을 많이 소개했다. 우리는 나쁜 권력자들을 잘 벤치마킹해서 좋은 권력자가 될 수 있다. 외람되지만, 이렇게 흥미롭고 독특한 심리 분석은 드물 것이다.

어느덧 나의 대통령에 대한 연구가 30년이 넘었다. 그동안 10권의 책을 썼고, 8명의 대통령을 직접 겪었으며 3대 정부에서 일했다. 연구하고 방송 출연도 하고 강연도 다녔다. 개인적으로 뭔가 결실을 맺었으면 좋겠다는 생각이 든다. 아무쪼록 이 책이 당신의 삶과 나라 발전에 도움이 되기를 바란다. 책 쓰는 게 힘들다는 말은 이제 식상하다. 우리 삶의 모든 일이 다 힘드니 말이다. 이번에도 심한 안면 염증 때문에 고생하다가 출판이 한참 늦어졌다. 부족한 저를 격려해 주신 분들께 다시 한 번 깊은 감사의 말씀을 드린다.

최진

권력자의 심리를 묻다

차례

2장 트라우마가 내공을 만든다

3장 유머가 있으면 능력 있는 권력자다

4장 권력자의 피는 따로 있다

5장 장남처럼 생각하고 막내처럼 행동하라

President's
psychology

1장

음식을 보면 성격을 알 수 있다

독재자는 부드러운 요리를 좋아한다

김정일, 김정은이 좋아하는 초밥, 배속김치, 샥스핀

북한의 김정은 위원장은 초밥, 송이버섯, 캐비아같이 부드러운 음식을 유별나게 좋아한다. 이 세 가지 음식의 공통점은 식감이 연하고 부드럽다는 점이다. 독한 이미지가 강한 김정은 위원장이 '연한' 요리를 좋아하는 것은 강약 원리다.

2018년 6월 싱가폴 센토사 리조트에서 열린 1차 북미 정상회담 식탁에서는 무를 밑에 깔고 간을 싱겁게 한 대구조림이 눈길을 끌었다. 그리고 2019년 2월 베트남 하노이에서 열린 2차 북미 정상회담 식탁 위에서 눈길을 끈 음식은 '배속김치'였다. 배속김치는 배의 속을 파내고 그 안에 백김치를 말아 넣은 북한의 독특한 전통음식으로 우리나라의 동치미와 비슷하다. 북한의 배속김치를 베트남까지 공수해왔다는 것은 그만큼 김정은이 좋아하는 요리라는 뜻이다. 배속김치는 김대중, 노무현 대통령의 정상회담에서도 식탁 위에 올랐던 메뉴다.

하노이 정상회담에 올랐던 주메뉴를 보면, 배속김치를 곁들인 양념 등심구이, 바닐라 아이스크림을 얹은 초콜릿 케이크, 곶감을 넣은 수정과 등이 나왔다. 두 정상의 기호에 맞추어 한식과 양식이 어우러진 메뉴였다. 김정은은 독한 양주보다 부드러운 와인을 즐겨 마시는데 이 또한 '독한 사람'과 '연한 술'의 강약 조합이다.

김정은의 아버지 김정일은 생전에 일본식 고급 초밥과 부드러운 샥스핀을 즐겨 먹었다. 김정일과 김정은 부자의 호화롭고 사치스러운 입맛은 '김정일의 요리사'로 유명했던 후지모토 겐지의 인터뷰를 통해 만천하에 드러났다. 13년 동안 김정일의 전속 요리사였던 그에 의하면, 김 부자는 초밥, 생선, 샥스핀처럼 확실히 연한 음식을 좋아했다. 외향적인 사람은 부드러운 음식을 좋아한다는 허슈 박사의 이론이 제대로 들어맞는다.

김정일의 요리사들은 미식가인 김정일의 입맛을 맞추려고 이란산 캐비아(철갑상어알)와 덴마크산 돼지고기, 태국산 망고 같은 별미 음식을 구하러 세계 각지를 돌아다녔다고 한다. 요리책으로 가득 찬 도서관까지 갖고 있는 김정일은 해외 대사관 직원들에게 지역 특산물을 평양으로 보내라고 지시하기도 했다. 일본 주재 북한 대사관에서는 1개당 120달러(약 14만 5,000원)에 달하는 최고급 일본 떡도 상납했다고 한다. 애주가인 김정일은 또 와인 1만 병이 저장된 지하 창고를 갖고 있었다고 하는데, 이제 고스란히 김정은의 손에 들어갔다. 김정일, 김정은 부자는 외향적인 수준을 벗어나 아주 독하고 강한 독재자이기 때문에, 보통 사람들보다 훨씬 더 연하고 부드러운 음식을 좋아할 것이다.

히틀러가 사족을 못 쓰는 새끼 비둘기 요리

역사 속의 독재자들은 어떤 음식을 좋아했을까? 독재자라면 독할 것이고, 그러므로 성격과 반대로 연한 요리를 좋아했을까? 역시 그랬다.

영국의 〈데일리 텔레그래프〉라는 일간지는 2014년 12월 10일자 지면에 《독재자들의 만찬: 폭군들을 즐겁게 한 고약한 맛 안내서》라는 책을 소개했다. 이 책의 내용은 각국 독재자들의 독특한 음식 취향을 담았는데, 핵심은 '강한 독재자'는 '연하고 부드러운 음식'을 좋아한다는 것이었다. 허슈 박사의 음식 이론과 영국 일간지의 보도 내용은 거의 일치했다.

희대의 독재자 아돌프 히틀러는 새끼 비둘기구이라면 사족을 못 썼다. 1930년대에 새끼 비둘기의 배 속에 비둘기 혀와 간, 그리고 피스타치오를 가득 채운 해괴한 요리를 즐겨 먹었다고 한다. 히틀러는 또 독일 함부르크의 한 호텔에서 속을 꽉 채운 병아리 요리와 영계 요리를 자주 먹었다는 영국 요리사의 증언도 있다. 히틀러는 야채와 과일을 좋아하는 채식주의자로도 유명하다. 수백만 명의 유대인을 죽인 독재자 히틀러는 굶주린 독수리처럼 피가 뚝뚝 떨어지는 생고기를 뜯어먹을 줄 알았는데, 연한 비둘기 요리, 병아리 요리, 채소를 즐겨 먹었다니, 언뜻 상상이 안 된다.

히틀러와 함께 제2차 세계대전을 일으킨 이탈리아의 독재자 무솔리니는 심장에 좋다는 이유로 담백한 오일과 레몬으로 버무린 생마늘 샐러드를 즐겨 먹었고, 디저트로는 도넛 모양의 케이크인 참벨로네(Ciambellone)를 제일 좋아했다고 한다.

카스트로의 바다거북 수프, 폴 포트의 코브라 수프, 이디 아민의 염소구이

쿠바의 독재자였던 피델 카스트로(Fidel Castro)는 바다거북 수프를 즐겨 먹었다. 덥수룩한 수염에 국방색 군복과 모자로 유명한 게릴라 반군 출신인 카스트로는 밀림 속에서 멧돼지 고기를 산 채로도 먹었을 것 같지만, 실제로는 가냘픈 접시에 부드러운 수프를 담아 홀짝홀짝 떠먹었다. 무지막지한 게릴라 대장과 부드러운 수프의 조합이 극명하게 대비된다.

수백만 명의 양민을 학살한 캄보디아의 도살자 폴 포트(Pol Pot)는 어땠을까? 그 역시 부드러운 코브라 수프를 좋아했다. 한때 '인

육을 먹었다'는 소문까지 나돌았던 아프리카 우간다의 독재자 이디 아민(Idi Amin)은 부드럽게 구운 염소 요리를 즐겨 먹었다고 하며, 2011년 리비아에서 쫓겨난 독재자 무아마르 카다피(Muammar Gaddafi)는 '낙타 고기를 넣은 쿠스쿠스 요리'를 좋아했던 것으로 알려졌다.

김정은, 김정일, 히틀러, 무솔리니, 카스트로, 폴 포트, 이디 아민, 카다피 같은 독재자들이 한결같이 부드럽고 연한 음식을 좋아했다니 아이러니가 아닐 수 없다. 독한 인간은 부드러운 음식을 좋아한다는 허슈의 법칙이 정확히 들어맞은 것이다. 그런데 독재자들이 즐겨 먹었던 요리의 원재료들을 보면, 확실히 찜찜하다. 새끼 비둘기, 병아리, 바다거북, 염소, 낙타, 코브라, 상어까지 말이다.

피자 대통령 vs
햄버거 대통령

피자 대통령 트럼프의 빨간 벨

트럼프 대통령만큼 말도 많고 탈도 많은 권력자도 드물다. 2019년 6월에는 판문점 3자 정상회담으로 세계적인 스포트라이트를 한 몸에 받았다. 외향적인 성격 탓일까? 그는 피자, 아이스크림, 계란프라이 같은 부드러운 음식을 즐겨 먹는다. 외향적인 트럼프가 내향적인 음식을 좋아하는 것이다.

190센티가 넘는 큰 키에 육중한 체구의 트럼프 대통령이 피자 몇 조각과 아이스크림을 먹는 모습을 상상해보라. 하노이 북미 정삼회담에서도 육중한 거구의 트럼프 대통령은 조그만 스푼으로 초콜릿 케이크를 잘라 먹었다. 2019년 2월 하노이 북미 정상회담 당시 트럼프 대통령 측은 북한 측에 '소박한 밥상'을 준비하자고 강력히 주장했다가 실랑이를 벌인 끝에 '보통 밥상'으로 합의를 보았다고 한다. 미국은 먹는 것보다 대화를 나누는 일이 더 중요하기 때문이라고 했지만, 트럼프 대통령처럼 거구 가운데 의외로 소식(小食)을 하는 사람들이 있다. 다이어트 때문이 아니라 체질 때문이다.

'피자 마니아'인 트럼프 대통령은 백악관에서 피자를 자주 시켜 먹는 '피자 대통령'이다. 참, 피자 먹을 때 꼭 필요한 것은 콜라다. 트럼프 대통령의 백악관 집무실 책상 위에는 빨간 벨이 있다. 이 벨을 누르면 콜라를 후다닥 가져온다고 한다. 백악관의 빨간 콜라벨, 역시 트럼프스럽다.

핫소스를 듬뿍 바른 매콤한 멕시칸 요리

트럼프 대통령과 대선 후보로 맞섰던 힐러리 전 국무장관은 이와는 전혀 다른 음식 취향을 보여준다. 성격이 다르니 음식 취향도 달랐다. 힐러리는 매우 이성적이고 냉철한 성격인 탓인지 빨간 핫소스를 듬뿍 바른 매콤한 멕시칸 음식을 즐겨 먹는다. 빨간색, 핫소스, 매콤한 맛까지. 내향적인 힐러리가 외향적인 음식을 좋아하는 것이다.

트럼프 대통령이 현실 정치 속에서 '남성다움'으로 웃음을 제공하고 있다면, 힐러리 전 국무장관은 딸 첼시와 함께 영화·TV 드라마 제작사를 설립해 영화 속에서 '여성다움'을 보여줄 참이다. 남편인 클린턴 전 대통령도 스티븐 스필버그 감독과 함께 '여성들의 시간'

이라는 제목의 TV 드라마 시리즈를 만들기로 합의했다. 힐러리 부부가 합심해서 트럼프에게 보복의 포화를 쏘는 걸까? 이래저래 트럼프와 힐러리 두 사람은 성격, 음식 취향, 정치 노선까지 달라도 너무 달랐다.

워싱턴의 체리, 링컨의 커피 한 잔, 루스벨트의 핫도그

　미국 역대 대통령들의 음식 취향은 성격과 어떤 연관성이 있을까? 음식 심리학자이자 의사인 허슈 박사는 초대 워싱턴 대통령을 포함하여 오바마 대통령까지 총 44명에 달하는 미국 대통령의 음식 취향을 분석해서 발표했다. 참으로 특이하고 방대한 작업이다.

　초대 대통령인 조지 워싱턴은 성실하고 열정적이고 에너지가 펄펄 넘치는 일벌레였다. 그는 체리를 유별나게 좋아했는데 외향적인 워싱턴 대통령과 내향적인 체리의 심리적 궁합이 잘 맞는다. 당시 체리는 미국 전역에서 널리 재배되는 대중적인 과일이었다. 워싱턴은 체리를 워낙 좋아해서 '체리 애호가'로 소문이 파다했다. 그가 체리를 유난히 좋아한 이유는 평생 틀니를 하고 있었기 때문인지도 모르겠다. 불편한 틀니로 오물오물 쉽게 먹으려면 아무래도 체리처럼 작고 먹기 좋은 과일이어야 하지 않을까? 미국의 독립전쟁을 승리로 이끈 용감무쌍한 영웅이 앙증맞게 작은 체리를 즐겨 먹은 것이 이채롭다.

　일명 '워싱턴 체리'로 불리는 미국 북서부 체리는 세계 체리 생산

량의 70%를 차지한다. 2019년 5월 U-20 월드컵 준우승 신화를 세
웠던 한국의 10대 축구 선수들은 훈련 도중에 '체리 주스'를 즐겨 마
셨다고 한다. 어린 선수들은 설탕과 인공첨가물이 들어가지 않은 천
연 체리 주스를 마시고 근육통 회복에 효과를 보았다고 한다. 체리
한 컵(약 20개)의 열량은 90칼로리로 혈당 지수가 낮아 다이어트에
도 도움이 된다.

　당신은 스타벅스에서 구입한 아메리카노 한 잔과 과일 한 조각으
로 저녁 식사를 대신할 수 있겠는가? 더구나 온종일 힘겨운 일을 하
고 난 뒤에 그렇게 할 수 있겠는가? 미국의 16대 대통령 링컨은 매일
그렇게 먹었다. 커피 애호가였던 링컨은 아무리 힘든 날에도 단출하
게 커피 한 잔과 사과 한 조각 정도로 저녁 식사를 때웠다. 그것은 링
컨이 평소 실천해온 검소한 일상과도 일치했다. 격무에 시달리는 미
합중국의 대통령이 그러한 소식으로 어떻게 버틸 수 있을까? 요즘
대통령들은 하루 세 끼는 물론 틈나는 대로 간식을 먹으며 체력을
보충한다. 링컨은 195센티미터의 장신이었기 때문에 대식가일 거
라는 추측과 달리 전형적인 소식가였다.
　요리 심리학에 의하면, 외향적인 링컨은 소식을 해야 한다. 링컨
은 치열한 남북전쟁의 와중에도 웃음을 잃지 않았고, 사람 만나기를
좋아했다. 유머를 자주 구사하면서 긍정의 에너지를 발산했다. 백악
관에서 커피와 사과로 식사를 대신하는 대통령이라면 어떤 고난이
든 극복하지 못하겠는가?

미국 최초이자 최후의 4선 대통령으로 제2차 세계대전을 승리로 이끈 32대 대통령 루스벨트 프랭클린은 에너지가 넘치는 외향적 성격의 소유자였다. 하반신 마비의 장애인임에도 불구하고 휠체어를 타고 미 대륙 전역을 누비고 다녔고, '노변정담'이라는 라디오 담화를 통해 국민과 끊임없이 소통했다. 루스벨트 하면 강력한 리더십을 떠올리게 한다.

그런 그가 가장 좋아하는 음식은 핫도그였다. 미국을 방문한 영국 왕 조지 6세에게 핫도그를 대접할 정도로 핫도그 마니아여서 '핫도그 대통령'으로 불렸다. 초강대국 대통령이 백악관에서 어린아이처럼 핫도그를 맛있게 먹는 모습을 상상하기 쉽지 않다.

루스벨트의 핫도그 사랑은 미국인들 사이에서 서민적이고 친근한 지도자의 이미지를 강화시키기도 했다. '서민 대통령'을 내세운 루스벨트 대통령에게 '핫도그 마케팅'은 시의적절한 감성 전략이었다. 과거 김대중 대통령이 청와대에서 뻥튀기나 호떡, 붕어빵을 몰래 주문해서 먹었다는 보도가 나와서 서민적인 이미지를 강화시키기도 했다.

케첩을 듬뿍 바르는 권력자의 심리

당신은 오므라이스나 햄버거, 핫도그를 먹을 때 케첩을 많이 발라 먹는 편인가? 워터게이트 사건으로 임기 도중에 물러난 리처드 닉슨 대통령은 늘 어둡고 무거운 분위기였다. 매사에 치밀하고 꼼꼼하고 말수가 적은 내향형 인간이었다. 그래서일까? 음식을 먹을 때마다 빨간 케첩을 듬뿍 발라 먹었다. '회색의 닉슨'이 '빨간색의 케첩'을 유난히 좋아한 것이다.

색채심리학에 의하면, 빨간 케첩을 좋아하는 사람은 위험을 선호하고 정복욕이 강한 성격이다. 닉슨처럼 내성적인 권력자는 빨간색이 잔뜩 들어간 음식을 좋아한다는 것이다. 당신은 이제부터 음식을 먹을 때 누가 빨간 케첩이나 고추장을 잔뜩 넣어서 먹는지 관찰해보기 바란다. 그의 성격을 파악할 수 있을 것이다.

42대 대통령 빌 클린턴은 임기 8년 동안 스캔들로 바람 잘 날 없었다. 한마디로 외향적인 남자였다. 그래서일까? 그는 채식주의자이다. 외향적인 클린턴과 내향적인 채식의 조합이 잘 맞는다. 클린턴 대통령은 원래 햄버거, 감자튀김 등 패스트푸드 마니아였지만, 건강 때문에 고생한 뒤에 채식주의자로 변했다.

오바마는 '햄버거 대통령'이자 음식 정치학의 대가

오바마 가족은 우리나라 국민들에게도 친숙한 대통령일 것이다. 가족의 가치를 유난히 강조했던 그는 아내 미첼과 두 자녀와의 외식을 중요시했다. 백악관의 고급 음식을 마다하고 미국 서민들이 즐겨 찾는 음식점으로 향했다. 그의 외식 1순위는 '햄버거'다. 치즈버거나 생선버거보다 두꺼운 고기를 잔뜩 넣은 버거를 좋아한다. 오바마가 즐겨 찾는 햄버거 집은 워싱턴 근교에만 11곳이라고 한다. 2011

년 50세 생일 파티도 햄버거 가게에서 가졌을 정도로 고기를 좋아했기 때문에 '오비프(오바마+비프)'라는 별명을 얻기도 했다. 이 정도면 '햄버거 대통령'이라고 부르기에 충분하다.

패스트푸드 체인점인 '치폴레'도 종종 들렀고, 멕시코식 보쌈인 부리토도 즐겨 먹었다. 어린이 방송 프로그램에 출연했을 때는 "어린이 여러분 채소 많이 먹어요!"라고 외치며 친환경 식단 홍보 대사로 나서기도 했다.

오바마는 재임 8년 동안 해외에 나가면 현지 음식에 각별한 관심을 가졌다. 베트남에서는 전통 음식 '분짜'를 즐겨 먹었고, 한국에서는 사찰 음식을 먹고 감탄했다. 음식에 일가견이 있는 탓인지 오바마 대통령은 자국민들로부터 '미국 음식 정치학의 달인'이라는 별명을 얻었다.

참고로 미국에는 '음식 정치학'이라는 학문이 있다. 오바마 대통령의 성격은 친절하고 상냥하며 배려심이 많은 지도자라는 호평을 받는다. 그렇다고 호탕한 성격은 아니다. 부드럽고 사려 깊으며 신중하고 용의주도한 내향형에 해당된다. 그가 내향적인 성격이라는 사실은 외향적인 부시, 트럼프 대통령과 비교하면 금방 알 수 있다. 오바마보다 오히려 부인 미첼 여사가 훨씬 더 활발한 외향형이다. 내향적인 오바마가 고기를 잔뜩 넣은 햄버거를 좋아하는 대식가라는 사실은 허슈 박사의 이론에 부합한다. 허슈 박사는 오바마 대통령이 땅콩 같은 딱딱한 견과류를 아삭아삭 씹어 먹기를 좋아한다고 말했다. '부드러운 오바마'가 '딱딱한 땅콩'을 좋아하는 것이다.

미국 사람들이 왜 짬뽕에 열광하나?

최근 미국인들이 현지 한국 식당에서 파는 짬뽕에 열광하는 도시가 있다. 그곳은 바로 주민 30여만 명이 살고, 인근 지역까지 더하면 200만 명이 오가는 미국 중서부의 중소 도시 신시내티다. 이곳에서 발행되는 〈신시내티 매거진〉은 50년 전통을 가진 지역 언론 매체로, 해마다 '최고의 식당'10곳을 선정해 보도한다. 최근에 현지 교포 식당에서 파는 '대한민국 짬뽕'이 최상위에 올랐다. 우리는 짬뽕을 중국 음식으로 알고 있지만, 신시내티 주민들에게는 한국 음식으로 통한다.

왜 미국인들은 얼큰하다 못해 눈물이 찔끔찔끔 나오게 할 만큼 매운 짬뽕을 좋아할까? 답은 언론의 보도 내용에 있다. '차갑고 신 반찬과 뜨겁고 매운 짬뽕의 조화', '두꺼운 면과 새우, 게, 야채의 조화'처럼 상반된 재료들이 조화를 이루어 최고의 맛을 낸다고 보도했다. 아울러 미국인들의 느끼한 버터 맛과 한국인의 매운 짬뽕 맛이 만들어낸 상반된 조화도 한몫하지 않았을까? 언젠가 벨기에의 세계적인 요리분석가가 한국을 방문해 우리나라 음식을 분석한 적이 있었다. 그때 그는 한국의 김치와 서양의 버터나 치즈, 초콜릿이 환상적인 조합이라고 말했다. 한국의 매운 음식과 서양의 느끼한 음식이 찰떡궁합이라는 것이다.

허슈 박사의 짬뽕 심리학

짬뽕인가, 우동인가?

당신은 짬뽕과 우동 중에서 어느 쪽을 좋아하는가? 짬뽕처럼 얼큰한 음식을 좋아하는가? 아니면, 우동처럼 담백한 음식을 좋아하는가? 만약 당신이 짬뽕처럼 맵고 짠 음식을 좋아한다면 내향적인 사람일 가능성이 높다. 반대로 우동처럼 부드럽고 연한 음식을 좋아한다면 외향적인 사람일 가능성이 높다. 당신이 상대방의 음식 취향을 파악했다면, 그때부터 대인관계와 비즈니스는 쉽게 풀어갈 수 있다. 사람들이 자기 성격과 반대되는 성향의 음식을 좋아한다는 것은 이름하여 '짬뽕 심리학'이다.

이런 '짬뽕 심리학' 같은 '요리 심리학'을 수십 년간 연구해온 세계적인 전문가가 있다. 미국의 신경정신과 의사이자 요리 전문가인 앨런 허슈(Alan Hirsch) 박사다. 그는 음식의 냄새와 맛을 연구하고 치료하는 '후각미각 치료재단'이라는 독특한 연구소를 운영하고 있다.

허슈 박사는 2014년 2월에 음식과 성격에는 확실한 상관관계가 있다는 조사 결과를 발표해 큰 반향을 불러일으켰다. 그는 1만 8,000여 명의 성인들을 대상으로 230여 년간에 걸친 미국 역대 대통령 45명의 음식 취향을 분석했다. 사람의 음식 취향, 성격, 정치 스타일과의 상관관계를 분석한 것이다. 흥미롭고 보기 드문 연구였다. 만약 우리나라에서 이런 분석을 내놓았다면 어떤 반응을 보일지 궁금하다.

허슈 박사의 결론은 간단하다. "일반적으로 인간은 자기 성격과 반대되는 음식을 선호하는 경향이 있다. 즉 외향적인 사람일수록 싱겁게 먹고, 내성적인 사람은 맵고 짠 음식을 좋아한다!"는 것이다. 다시 말해, 강한 사람은 부드러운 음식을 좋아하고, 부드러운 사람은 강한 음식을 좋아한다는 주장이다, 사람과 음식 간 일종의 '심리 궁합'이자 '강약 이론'이다.

한방 이론, 동종 교배 퇴화의 법칙

한방(韓方)에는 '어린 시절에 먹는 식습관이 성격 형성에 영향을 미치고, 음식과 성격은 반대일수록 좋다'는 음양 원리가 있다. 즉, 내향적인 사람들은 속히 차갑고 허(虛)하기 때문에 뜨거운 음식을 좋아하고, 반대로 외향적인 사람들은 속이 뜨겁고 실(實)하기 때문에 찬 음식을 좋아하며 또 그렇게 먹어야 몸에 좋다는 것이다. 예컨대, 내향적인 사람은 뜨거운 숭늉이나 소주, 양주처럼 독한 술이 몸에 맞고, 외향적인 사람은 시원한 냉수나 맥주, 막걸리처럼 연한 술이 몸에 맞다.

다시 말하자면 속이 실한 사람(외향적인 사람)일수록 싱겁고 부드러운 음식을 먹어야 한다. 만약, 맵고 짠 음식을 많이 먹으면, 혈압이 높아지고 쉽게 흥분할 수 있다. 강대강(强對强)은 몸에 해롭다는 뜻이다. 반대로 속이 허한 사람(내향적인 사람)은 맵고 짠 음식을 먹어야 한다. 만약 싱겁고 부드러운 음식을 먹으면 양기가 부족해진다. 약대약(弱對弱)은 몸에 해롭다는 뜻이다. 이러한 한방 원리는 허슈 박사가 커닝했나 하는 의심이 들 정도로 그의 이론과 흡사했다.

당신은 '멘델의 유전법칙'을 들어보았을 것이다. 여기에는 같은 종자끼리 교배시키면 나쁜 종자가 나오는 '동종 교배 퇴화의 법칙'이 있고, 반대로 다른 종끼리 교배시키면 좋은 종자가 나오는 '이종 교배 진화의 법칙'이 있다. 뭐든지 반대여야 좋다. 음식과 음식의 관계든지, 음식과 사람의 관계든지, 사람과 사람의 관계든지 서로 반대일수록 좋고 행복하며 성공할 가능성이 높다. 이 원리를 활용해서 자기계발법과 대인관계법, 협상 스킬을 제시하는 것은 나의 대표적인 강의 주제인 '플러스마이너스 인간관계론'이다.

음식이 세상을 바꾼다!

'음식이 왜 중요할까?'라고 묻는 것은 어떤 음식을 누구와 먹느냐가 왜 중요하냐는 질문과 같다. '투자의 귀재'로 불리는 워런 버핏과 점심 한 끼 먹는 비용이 최소 350만 달러(한화 41억 8천만 원)로 낙찰됐다. 이 엄청난 돈을 지불한 비트코인 사업가는 2019년 6월, 뉴욕 맨해튼 미드타운의 스테이크 전문식당에서 워런 버핏과 점심을 먹었다. 당신은 둘 다 제정신이 아니라고 생각할지 모르겠지만 이러한 '초고가 식사'에는 그만한 이유가 있다.

나는 먹는 일이라는 뜻을 가진 식사(食事)에는 다섯 가지 의미가 있다고 본다. 첫째, 건강을 챙긴다. 둘째, 상대방의 성격을 파악한다. 셋째, 상대방의 노하우를 얻는다. 넷째, 음식의 원리를 터득한다. 다섯째 최고의 성공 에너지를 얻는다. 이쯤 되면, 우리들의 식사 한 끼도 대충 때울 일이 아니다.

흔히 '위대한 영웅'으로 말해보자면 알렉산더, 칭기즈칸, 나폴레옹 3명을 꼽는다. 이들은 지구상에 가장 넓은 영토를 차지했고, 오늘날까지 다방면에 영향을 미치고 있는 최고의 권력자들이다. 이들은 어떻게 영웅이 되었을까? 알렉산더(BC 356~323)는 '양파'로, 칭기즈칸(AD 1162~1227)은 '육포'로, 나폴레옹(AD 1769~1821)은 '통조림'으로 세계를 지배했다.

이게 무슨 말이냐고? 알렉산더 대왕은 지친 병사들에게 양파 요리를 먹여서 피로 회복과 양기를 돋우어 승승장구했다. 칭기즈칸은 기마병들에게 말린 고기인 육포를 먹여 원거리를 쉼 없이 달리게 하고, 고기와 야채를 철모 속에 넣어 끓여 먹는 '샤브샤브'를 개발해 속도전으로 연전연승했다. 나폴레옹은 병속에 고기와 야채를 섞어 부패하지 않게 만든 통조림(병조림)을 먹으며 식사 시간을 최소화하는 초스피드 병법으로 유럽대륙을 제패했다. 영웅들의 승전보 뒤에는 '음식 혁명'이 있었고, 소식(小食)과 속도전이 있었다.

앞의 세 영웅은 모두 낙천적이고 화끈하며 공격적인 외향적 성격을 가졌기 때문에, 육포, 샤브샤브, 양파 같은 내향적 음식이 어울린다. 알렉산더 대왕이 남긴 명언이 하나 있다. "열심히 일하고 땀 흘린 뒤에 먹는 음식이야말로 최고의 요리다!"

외향적 음식 vs 내향적 음식

요즘 백종원, 유민상, 김준현, 이영자 같은 먹방 스타들은 방송에서 온갖 음식을 먹는다. 이들처럼 말 많고 웃음 많고 행동이 많은 '3다(多)인 사람들'을 외향형 인간이라고 한다. 음식은 김치, 고추장, 된장찌개, 육개장, 짬뽕, 라면처럼 맵고 짜고 강한 '3다 음식'을 외향형 음식이라고 한다.

반면 최불암, 하정우, 박지성처럼 상대적으로 말수, 웃음, 행동이 적은 '3소(小)인 사람들'을 내향형 인간이라고 한다. 마찬가지로 음식도 곰탕, 북엇국, 두부, 시금치, 콩나물, 야채, 채소, 우동, 기스면처럼 싱겁고 담백하고 부드러운 음식을 내향형 음식이라고 한다.

나 자신을 분석해보면, 내향형 인간에 가까운 탓인지 김치찌개나 라면처럼 맵고 짠 외향형 음식을 먹어야 속이 개운하다. 나의 아버지는 전형적인 외향형이어서 담백한 생선류를 좋아하고, 어머니는 전형적인 내향형이어서 쇠고기 양념갈비를 좋아하기 때문에 식당을 정할 때마다 애를 먹었다.

아리스토텔레스의 매미 요리

기원전 4세기에 살았던 고대 그리스의 철학자 아리스토텔레스는 자신의 저서 《동물의 역사》에서 매미 요리를 좋아한다고 밝혔다. 아리스토텔레스는 차분하고 조용한 성격을 지닌 내향형의 철학자였다. 중용(中庸)을 중시하기 때문에 좀체 화를 내지 않는 성품이기도 했다. 조용하기 이를 데 없는 철학자 아리스토텔레스가 요란하기 이를 데 없는 매미 요리를 즐겨 먹었는데, 둘의 상반된 조합이 잘 어울린다.

'조용한' 아리스토텔레스는 '요란한' 알렉산더 대왕의 스승으로도 유명하다. 알다시피 알렉산더 대왕은 20대의 젊은 나이에 유럽 대륙을 제패했던, 불같은 성격의 전쟁 영웅이었다. 그런 알렉산더에게 물 같은 중용의 미덕을 가르친 스승이 아리스토텔레스였다. 두 사람은 나이와 신분을 떠나 환상의 콤비였다.

사람과 음식의 관계든, 사람과 사람의 관계든, 상반된 성향이 만나면 엄청난 시너지 효과(Synergy Effect)를 발휘할 수 있다. 아리스토텔레스는 일찌감치 음식의 심리학적 원리를 터득한 것일까? 아니면 수천 년 후에 다가올 미래 식량 가운데 하나가 매미라는 것을 예견한 것일까? 상상해보라. 위대한 노철학자가 튀기고 볶은 매미 요리를 맛있게 먹고 있는 장면을! 만약 매미 요리가 보양식이라는 사실이 구체적으로 입증된다면, 여름철 아파트 주변에서 매미 소리를 듣기 어려워질 것이다.

애벌레를 통째로 얹은 닭가슴살구이

"곤충 요리 먹어 보시면 반할지도 몰라요! 한번 먹으면 맛있어서 다시 찾게 되더라고요." 멀쩡한 특급 호텔 요리사를 그만두고 곤충 요리 레스토랑을 차린 30대 요리사가 언론 인터뷰에서 이렇게 말했다. 2019년 5월, 경기도는 미래 식량인 곤충 요리를 적극적으로 개발해나가겠다고 밝혔다.

우리나라 사람들은 번데기를 좋아하는 편이다. 번데기를 먹는 심정으로 올해는 곤충 요리, 벌레 요리를 한번 먹어보자. 호기심 많은 미식가들은 일찌감치 미래 음식인 곤충과 벌레 요리를 즐겨 먹고 있는데 '애벌레를 통째로 얹은 닭가슴살구이'가 가장 인기라고 한다. 햄버거처럼 큰 빵 속에 두 개의 닭가슴살을 넣고 그 사이에 애벌레를 넣어 먹는다.

이 음식의 주된 재료는 닭과 애벌레인데, 닭은 빠르고 애벌레는 느리다. 닭에는 양(陽)의 기운이 많고, 애벌레에는 음(陰)의 기운이 많다. 서로 반대되는 성향의 음식을 빵 속에 배치한 것이다. 내향적 성향인 애벌레와 외향적인 성향인 닭은 서로 심리적 궁합이 잘 맞아 떨어진다.

이 음식에는 닭고기 대신 소고기나 돼지고기를 넣지 않는다. 왜냐고? 느린 소, 돼지와 똑같이 느린 애벌레의 조합은 어울리지 않고, 또한 음의 기운이 많은 소, 돼지와 역시 음의 기운이 많은 애벌레의 조합도 어울리지 않다. 똑같이 내향적인 성향인 애벌레와 소, 돼지는 서로 맞지 않아서 함께 먹는 것은 몸에 좋지 않다. 따라서 내향적인 사람은 닭처럼 빠른 동물로 만든 음식(치킨, 닭요리 등)을 먹는 것이 좋고, 외향적인 사람은 소나 돼지처럼 느린 동물로 만든 음식(삼겹살, 보쌈 등)을 먹는 것이 좋다.

음식으로 보는
한국 대통령들의 리더십

문 대통령이 라면과 김치찌개를 많이 먹어야 하는 이유

문재인 대통령을 포함해서 우리나라 역대 대통령들은 어떤 음식을 좋아하며, 이것은 성격과 어떤 연관성이 있을까? 나는 이른바 '융프라우 법칙'을 통해 한국 대통령들의 성장 과정과 성격과 정치 스타일을 분석했다. 그런 다음에 허슈 박사의 이론을 통해 한국 대통령들의 음식 취향을 살펴보았다. 그랬더니 놀라울 정도로 미국 대통령의 음식 취향과 한국 대통령의 음식 취향이 비슷했다. 즉, 미국 대통령과 한국 대통령이 좋아하는 음식을 보면, 그 사람의 성격과 리더십을 알 수 있었다. 미국과 한국의 음식 문화가 판이한데도 양쪽 사람들의 음식 심리학-궁합 원리, 강약 원리-는 비슷했던 것이다.

지난 2017년 대선 때 문재인 후보에게 "가장 자신 있게 만들 수 있는 요리가 뭔가요?"라고 물었던 적이 있다. 그는 "라면과 된장찌개"라고 대답했다. 둘 다 짭짤하고 간간한 음식이다. 내향적인 문 대통령이 맵고 짠 외향적인 음식을 좋아한 것이다. 문 대통령은 내향형이기 때문에 라면이나 김치찌개처럼 맵고 짠 음식을 먹어야 좋으니 음식 궁합이 잘 맞는다고 할 수 있다.

단, 집권 3년차인 문 대통령이 '더 나은 상황'을 만들고자 한다면 라면과 김치찌개를 더 많이 먹어야 한다. 음식 궁합을 좀 더 강화하라는 뜻이다. 더구나 이 음식들은 서민적인 음식이기 때문에 많이 먹을수록 서민 이미지를 강화시킬 수 있다. 오바마 대통령이 가족들과 함께 백악관 밖에서 햄버거를 즐겨 먹었듯이, 문재인 대통령이 가족들과 함께 청와대 밖에서 라면과 김치찌개를 즐겨 먹는 모습은 얼마나 보기 좋겠는가?

2018년 2월 6일 설날에 문 대통령은 청와대 관저에서 수석들로부터 세배를 받은 뒤 오찬으로 떡국이 아니라 북한 전통 음식인 평양식 온반(溫飯)을 함께 먹었다. 온반은 닭과 쇠고기 육수를 푹 고아서 만든 뜨끈뜨끈한 장국밥이다. 내향적인 문 대통령에게 뜨거운 온반은 잘 맞는 음식이다. 지난 2017년 5월 대선 후보 시절에 "제일 좋아하는 음식이 뭡니까?"라는 질문을 받고 '민물매운탕'과 '붕어탕'이라고 답했다. 고춧가루를 잔뜩 넣고 보글보글 끓여낸 알큰한 탕이다. '차가운 사람'에게는 '뜨거운 음식'이 좋다고 하지 않았던가?

문 대통령의 성격은 차분하고 조용한 내향형에 해당된다. 결국 허슈 박사의 이론대로 내향적인 문 대통령은 외향적인 음식을 좋아한다는 사실이 입증됐다. 문 대통령은 음식을 별로 가리지 않고 고루 잘 먹지만, 거제도 섬에서 태어나서 그런지 해산물류, 생선조림, 생선구이, 채소 등을 특별히 좋아한다.

문 대통령의 부인 김정숙 여사는 언론 인터뷰에서 "남편은 평소 집밥이 최고라고 말한다"라고 했다. 김 여사의 요리 솜씨는 여러 차례 언론에 보도된 바 있다. 청와대 처마 밑에 감을 말려 곶감을 만들었고, 청와대를 방문한 야당 지도부에 직접 만든 인삼정과를 내놓았다. 언젠가 노량진 수산시장에서 농어 2마리를 사서 직접 회를 뜬 뒤 대접한 적도 있다고 한다.

문 대통령이 국회의원 시절에 자주 다닌 음식점을 보면, 한식당이 단연 많았다. 나는 그 시절 문 대통령과 몇 차례 식사를 한 적이 있는데 매번 한식당으로 갔다. 대화를 나누면서도 이 음식, 저 음식을 골고루 먹는 모습이 대식가에 가까워 보였다. 그가 어린 시절에 들었던 "음식을 남기면 안 된다"라는 말이 머릿속에 깊이 박혀 본의 아니게 과식을 하게 되었다고 한다. 노무현 정부의 민정수석 시절에는 점심, 저녁 때마다 음식을 잔뜩 먹고 운동을 못한 탓인지 체중이 10킬로그램이나 늘었다. 허슈 박사에 의하면, 외향적인 사람은 소식가일 가능성이 높고, 내향적인 사람은 대식가일 가능성이 높다.

문 대통령이 정치권, 나아가 국민들과 소통을 확대하려면 최대한 많은 사람들과 식사 자리를 가져야 한다. 가능하면 아침, 점심, 만찬까지 다양한 사람들과 식사하기 바란다. 이제 우리 역대 대통령들의 음식 취향과 성격은 어떤 연관성이 있을까?

이승만의 계란찜 vs 박정희의 시골 비빔밥

오랜 해외 유학파의 식성은 어떨까? 초대 대통령 이승만은 현미 떡국, 두부, 계란찜, 생선구이 같은 싱겁고 부드러운 음식을 좋아했다. 30년 넘게 해외에서 유학 생활과 독립운동을 하면서 '양식 스타일'로 바뀌었고, 해외에서 맵고 짠 한국 음식을 먹을 기회가 상대적으로 적었다. 자연히 빵과 버터처럼 싱거운 서양 음식을 많이 먹을 수밖에 없었다. 특히 부인 프란체스카 여사는 70대 고령인 남편의 건강을 염려해서 김치찌개나 된장찌개처럼 맵고 짠 음식은 줄이도록 했다. 영부인이 오스트리아 출신 외국인이니 아무래도 토스트나 계란프라이처럼 가벼운 음식을 권했을 것이다. 이래저래 외향적인 이 대통령은 싱겁고 부드러운 음식을 먹을 수밖에 없었다.

음식 전문가에 의하면, 이 대통령처럼 고집이 세고 융통성이 없는 사람은 위산이 과다 증가할 소지가 많기 때문에, 염분을 줄이고 육류보다는 생선이나 채소를 더 많이 섭취해야 한다.

전형적인 군인의 식성은 또 어떨까? 내향적인 성격인 박정희 대통령은 고추장과 된장 등 맵고 짠 음식을 좋아했다. 사석에서는 커다란 그릇에 산나물을 골고루 넣고 고추장을 듬뿍 넣어 비비는 소탈한 '비빔밥'을 즐겨 먹었다. 박 대통령처럼 내향적인 사람들은 부드러운 채식보다 강한 육식을 즐겨 먹는 경향이 있다. 그 역시 떡갈비나 사골갈비, 불고기 등 고기류를 좋아했다.

박 대통령은 독한 술을 좋아했다. 1979년 10월 26일, 궁정동에서 그의 최후의 순간에 마신 술도 '시바스 리갈'이라는 독한 양주였다. 내 주변을 보더라도 호프집에서 왁자지껄 떠들며 맥주를 마시는 사람보다 포장마차에서 조용히 홀짝홀짝 소주를 마시는 사람이 훨씬 더 술에 강했다. 박 대통령은 장군 시절에 언론인과 단둘이 중국 고량주를 24병이나 마신 적이 있었다. 역대 대통령 중에서 최고의 주량을 자랑하는 박 대통령은 소주, 맥주, 막걸리를 이것저것 섞어 마시는 폭탄주를 좋아했다. 폭탄주의 원조가 박정희 대통령이다.

생선 지리 vs
생선 매운탕의 대결

세상에 이렇게 다를 수가 있을까

"세상에 이렇게 판이하게 다른 인생도 있을까?" 김대중과 김영삼 두 지도자의 리더십을 분석할 때마다 드는 생각이다. 두 사람은 같은 김 씨인데도 조상의 뿌리가 다르고, 같은 섬 출신인데도 집안 분위기가 다르고, 성장 과정도 성격도 다르다. 혹시나 했는데 역시나 음식 취향도 달랐다. 기본적으로 김영삼은 소식가였고, 김대중은 대식가였다. 부잣집에서 자란 김영삼은 적은 양의 음식을 먹었고, 평범한 집에서 자란 김대중은 많은 양의 음식을 먹었다. 김영삼이 자주 찾는 식당은 양이 많지 않은 국숫집이 대부분이었고, 김대중이 자주 찾는 식당은 양이 많은 고깃집이었다.

당시 출입 기자들 사이에서 'DJ는 대식가'라는 사실은 잘 알려져 있었다. 나는 김대중 대통령과 단둘이 식사한 적이 많았는데, 대부분 여의도와 서교동의 중식당, 신촌의 갈비집이었다. 1992년 12월 대선에서 패배하고 정계 은퇴를 선언한 김대중을 포르투갈의 '신트라'라는 작은 도시에서 만나 오찬을 한 적이 있었다. 점심 메뉴로 나온 족발 모양의 음식이 짜서 나는 손도 대지 못했는데, 김대중은 대화 도중에 다 먹었다. 확실히 대식가였다.

1990년대 초에 나는 기자단의 일원으로 김대중과 함께 러시아 모스크바를 방문한 적이 있었다. 당시 러시아에 적잖은 양의 라면을 가져갔는데, 어느 날 갑자기 몽땅 사라졌다. 기자들 사이에서는 "얼큰한 라면을 좋아하는 DJ가 혹시…" 하며 농담 반 진담 반으로 수군거렸던 기억이 난다.

차별점은 또 있다. 김영삼은 채식을 좋아하고 김대중은 고기를 좋아했다. 김영삼은 고기류를 1주일에 한두 번 정도만 먹고 대부분 해물류나 생선, 채식을 하는 데 비해, 김대중은 1주일 내내 고기를 먹었다. 항간에는 '김영삼은 채소를 먹기 위해 고기를 먹고, 김대중은 고기를 먹기 위해 채소를 먹는다'는 말이 있었다.

야당 시절 김영삼의 상도동 자택에서는 부인 손명순 여사가 방문객들에게 멸치 육수로 푹 끓여낸 담백한 시래깃국을 대접해서 인기를 끌었다. YS 스타일답게 고기 대신 멸치를 넣은 시래깃국이었다. 이처럼 YS는 생선을 좋아하는 소식가, DJ는 고기를 좋아하는 대식가로 두 사람은 180도 달랐다.

생선 지리 vs 생선 매운탕

김영삼 대통령이 1990년대 중반 미국 LA의 한인 식당을 방문했을 때, 수행원들은 현지 식당 주방장에게 생선 머리와 내장 요리를 각별히 부탁했다. 그런데 한국인 요리사가 깜빡 잊고 생선 머리와 내장을 쓰레기통에 버리고 말았다. 김 대통령이 식탁에서 물었다. "아니, 생선 머리 하고 내장은 어디 갔노?" 주방장은 당황해서 대답했다. "각하! 미국에서는 생선 머리님과 내장님은 버립니다!" 대답이 너무 웃겨서 김 대통령은 웃고 말았다. 외향적인 김영삼은 내향적인 생선 머리(살코기가 적고 담백한)와 내장을 좋아했다.

반면에 김대중 대통령은 생선 머리와 내장은 걷어내고 그 대신 생선 몸통 부분을 좋아했다. 김대중 정부 시절 청와대 요리사였던 문문술 씨는 민어매운탕을 끓여 몸통 살코기 부위를 빼내고 대신 머리 부위 요리를 밥상에 올렸다. 매운탕을 유심히 내려다보던 김대중 대통령이 물었다. "어이, 문 국장! 자네가 생선 살덩어리 다 먹었나?" 얼굴이 새빨개진 문문술 씨는 그때부터 생선 몸통을 빼놓지 않고 올렸다고 한다. 내향적인 김대중은 외향적인 생선 살코기(퍽퍽하고 양이 많은)를 좋아했다.

김영삼은 고추장을 넣지 않은 담백한 생선 지리를 좋아한 반면에,

김대중은 고추장을 듬뿍 넣은 얼큰한 생선 매운탕을 좋아했다. 한방 원리에 의하면, 김영삼처럼 속이 실한 사람(외향형)은 부드럽고 싱거운 음식을 찾는 데 반해 김대중처럼 속이 허한 사람(내향형)은 강하고 매운 음식을 찾게 된다. 다시 말해 김영삼 대통령처럼 화끈하고 흥분을 잘하는 외향형 인간은 염분, 당분처럼 강한 음식을 자제하고 대신 우유, 치즈, 요구르트, 시금치, 배추 같은 연한 음식을 충분히 섭취해야 한다. 김영삼은 속에 열이 많은 체질이기 때문에 고추, 생강, 파, 마늘, 후추, 겨자처럼 맵거나 자극적인 향신료가 맞지 않고, 개고기, 닭고기, 염소고기, 인삼처럼 열을 내는 음식도 맞지 않다.

칼국수와 홍어의 진검 승부

김영삼은 '칼'과 인연이 많았다. 칼국수를 유달리 좋아했고, 임기 5년 내내 개혁의 칼을 휘둘렀다. 청와대 출입 기자들이 먹는 구내식당에도 매주 칼국수 메뉴가 나왔다. 오죽하면 '칼국수 정권'이라고 했을까? 김영삼은 성격도 빠르고, 운동도 빠르게 달리는 조깅을 좋아하기 때문에 음식도 빨리 먹을 수 있는 분식류를 좋아했던 것일까? 그는 칭기즈칸이나 나폴레옹의 속도전을 벤치마킹하고 싶었는지 적은 양의 음식을 빠르게 먹었다. 임기 말이 되자 칼국수에 대한 불만도 나왔다.

"자기가 좋아하는 음식을 남에게 강요하다니요!"

YS와 식사 약속을 하면 미리 배를 채우고 가는 사람도 생겨났다.

어쨌든 '강한 김영삼'과 '연한 음식'의 궁합은 잘 맞아떨어졌다.

이 세상에서 담백한 칼국수와 정반대 음식이 있다면 그것은 톡 쏘는 홍어가 아닐까? DJ는 오래 삭혀서 입천장이 홀라당 벗겨질 정도로 독한 흑산도 홍어를 아주 좋아했다. 멀리 전남 신안에서 홍어를 공수해오는 전담자도 있었다. 야당 시절 총선에서 승리하거나 좋은 일이 생기면, 누군가 출입 기자실에 홍어와 막걸리를 가져다 놓곤 했다. 평소 술을 거의 마시지 않는 김대중 대통령이지만 홍어가 청와대로 배달되는 날은 부인 이희호 여사와 마주 앉아 복분자 한두 잔을 마시기도 했다. 홍어를 워낙 좋아한 탓에 김대중은 1992년 대선 패배 이후 영국에 머물 때도 멀리 한국에서 공수해오기도 했다. 홍어 냄새가 진동해서 창문을 굳게 닫고 먹었다. 내향적인 김대중과 지극히 외향적인 홍어는 찰떡궁합이다.

야당 총재 시절 나는 김대중 총재와 여의도 국회의사당 정문 앞 빌딩 지하에서 종종 설렁탕을 먹은 적이 있었다. 그때마다 DJ는 국밥에 매운 깍두기를 잔뜩 넣고 숟가락으로 휘휘 저었다. "아, 얼마나 맵고 짤까?"

성공하려면 자기 성격과
반대되는 음식을 먹어라

노무현 대통령의 탕,탕,탕 요리

삼계탕, 조개탕, 설렁탕, 탕탕탕. 노무현 대통령은 산낙지를 도마 위에 올려놓고 잘게 토막 낸 '낙지탕탕'도 즐겨 먹었다. 부산 출신인 노무현 대통령은 담백한 탕류를 유난히 좋아했다. 공교롭게도 앞의 세 가지 탕은 고춧가루가 거의 들어가지 않는 담백한 음식들이다.

서울 광화문 정부종합청사 뒤편에 있는 '토속촌' 삼계탕 집은 노 대통령의 단골 음식점인데, 웬만한 정치인, 공무원들 가운데 모르는 사람이 없다. 충남 서천의 한 바닷가 횟집은 노 대통령이 가끔 들러서 시원한 조개탕을 단숨에 먹어치운 집이다. 지금도 그곳에는 봉황 무늬와 함께 "노무현 대통령 오찬자리, 2006.10.29"라고 적힌 팻말이 걸려 있다.

2002년 8월 노무현 후보의 지지도가 10% 초반까지 떨어지면서 민주당 내에서 후보 교체론이 나올 때였다. 당내 일각에서 '노무현이 설렁탕 한 그릇 사는 걸 못 봤다'는 비판이 제기됐다. 설렁탕을 좋아하는 노 후보를 빗대서 그가 돈을 쓰지 않는다고 몰아붙인 것이다. 노무현 쪽에서는 '설렁탕은 몰라도 짜장면은 많이 샀다'는 우스개 반격이 있었다. 생전의 노무현 대통령이 설렁탕을 좋아한 탓인지, 서울에 있는 한 '봉화 설렁탕집'이 경남 봉화마을에 있는 설렁탕집의 체인점으로 잘못 알고 찾아가는 손님들이 있었다. 어쨌든 탕, 탕, 탕 요리는 노무현에게 잘 맞는 음식인 것만은 분명하다.

요리와 글쓰기의 공통점

평소 노무현 대통령은 바다거북, 청설모, 다람쥐에 이르기까지 다방면에 박학다식했고, 궁금한 것이 있으면 곧바로 책을 사서 섭렵했다. 그중에는 '요리 심리학'에 대한 내용도 있다. 노 대통령은 재임 중에 한 참모에게 '요리사와 글 쓰는 사람의 공통점'에 대해 10가지를 그 나름대로 설명했는데 그중 다섯 가지만 간략히 소개해보겠다.

첫째, 자신감이 있어야 한다. 요리사는 칼을 들고, 글 쓰는 사람은 펜을 드는 순간 '멋진 작품을 만들 수 있다'는 자신감을 갖고 달려들어야 한다. 둘째, 재료가 좋아야 한다. 요리든 글쓰기든 밑바탕 재료들이 싱싱하고 다양해야 명품이 나온다. 셋째, 군더더기가 없어야 한다. 괜히 불필요한 음식이나 사족이 들어가면 본질을 망가뜨린다. 넷째, 시작은 애피타이저로 상큼하게, 끝은 디저트로 깔끔하게 마무리해야 한다. 다섯째, 두괄식이어야 한다. 음식이든 글쓰기든 첫 부분에서 관심을 끌지 못하면 실패다. 그러면서 덧붙였다. 요리든 글쓰기든 가장 중요한 것은 '진정성'이라고 말이다. 노무현다운 내용이다. 어쨌든 노무현 대통령의 식성을 보면, 성격과 음식은 반대라는 허슈 박사의 주장이 딱 들어맞는다.

YS 멸치 시대 → DJ 홍어 시대 → 노무현 도다리 시대 → MB 과메기 시대

바닷가 포항 출신인 이명박 대통령은 물회, 과메기 같은 고향 특산물을 즐겨 먹었다. 문제는 고향 특산물도 정치 바람을 탄다는 사실. 이 대통령이 2007년 12월 대선에 당선되자 '과메기 소년의 성공'이라는 찬사가 쏟아졌고, 전국 각지에서 포항의 과메기를 대량 주문하는 '과메기 특수'가 일었다.

고소하고 비릿한 과메기는 강인하고 적극적인 이명박과 심리적 궁합이 잘 맞는 음식이다. 청와대와 국회의사당 주변에는 과메기와 물회를 파는 식당들이 갑자기 늘어났고 가히 과메기 열풍이었다. 그러다가 이 대통령의 인기가 시들해지자 '과메기 바람'도 서서히 사라졌다. YS 정부의 '멸치 시대'에 이어 DJ 정부의 '홍어 시대'가 오고, 노무현 정부의 '도다리 시대'에 이어 MB정부의 '과메기 시대'가

오는가 싶더니 금방 사라져버렸다.

이명박 대통령은 나이답지 않지 않게 순두부, 스파게티, 피자처럼 젊은 층이 즐겨 먹는 음식들을 좋아했다. 그는 가끔 어렸을 때를 회상하며 뜨거운 맨밥에 날달걀을 풀고 간장과 참기름을 한두 방울 뚝 떨어뜨려 비벼 먹기도 했다. 맨밥+날달걀+참기름의 조합은 좀 느끼할 것 같다. 이명박은 또 을지로에 있는 한 전통 음식점에서 '어복쟁반'이라는 요리를 즐겨 먹었다. 밑반찬은 멸치와 동치미이고 본 메뉴는 소고기 양지머리와 버섯쑥갓, 잣, 대추를 넣고 펄펄 끓였다.

이 요리들은 한결같이 이명박의 외향적 성격과 어울린다. '강한 이명박과 연한 순두부', '진한 이명박'과 '느끼한 날달걀 비빔밥'. 이 대통령은 바닷가 출신이라 물과 관련된 음식을 좋아하고 물과 관련된 정책을 좋아했던 것일까? 그의 4대강 사업은 두고두고 논란을 일으키고 있다.

원칙을 뒤엎은(?) 박근혜의 밥상

"가장 잘할 수 있는 음식이 뭔가요?"

"비빔밥이에요. 비빔밥은 정성이 들어가야 하잖아요. 다양한 재료와 고추장, 참기름을 정성껏 비벼야 맛있죠."

박근혜 대통령이 2012년 12월 당선자 시절에 밝힌 비빔밥 예찬론이다. 박근혜 대통령의 음식 취향은 어떨까? 전형적인 내향형이기 때문에 보나마마 대식가에 맵고 짠 음식과 육식을 좋아해야 맞다. 하지만 그렇지 않았다. 소식가에 싱거운 음식과 채식을 좋아하며 밥도 담백한 현미밥을 즐겨 먹었다.

2017년 3월에 검찰에서 장장 22시간 동안 철야 조사를 받으면서 먹었던 점심은 유부초밥과 김밥, 샌드위치였고, 저녁은 흰 쌀죽이었다. 보통 피의자들이 검찰 조사 때 먹는 음식은 짜장면이나 육계장인데 박 대통령은 아니었다. 음식 취향과 자기 성격이 비슷했다.

그러니까 음식과 성격은 반대여야 좋다는 허슈 박사의 이론이 맞지 않았다. 역대 대통령 중에서 유일하게 허슈 박사의 이론이 빗나간 사람이 박근혜 대통령이다. 왜 그럴까? 단전호흡과 요가로 자기 관리에 철저한 박 대통령은 소식, 채식, 건강식 위주로 먹었다.

혹시 음식과 성격의 궁합이 어긋났기 때문에, 그의 국정 운영도 어긋나버린 건 아닐까? 부드럽고 싱거운 음식을 먹어야 체질에 맞는 사람이 평생 강하고 맵고 짠 음식을 먹으면 탈이 나듯이, 박 대통령의 어긋난 음식 취향이 어긋난 국정 운영으로 연결된 것은 아닐까? 비약적인 논리일지 모르겠지만 음식 심리학의 관점에서 보면 그런 생각이 든다.

그렇다면 박 대통령은 왜 어긋난 음식 취향을 갖게 되었을까? 건강 위주로 식사를 하다보니 자기 취향과 동떨어질 수 있다. 또 하나는 음식을 골라서 먹을 수 있는 선택의 여지가 없었기 때문이 아닐까? 본인이 요리를 하지 않고 남이 해준 요리만 먹는다면, 좋든 싫든 본인의 음식 취향과 다른 음식을 먹을 수밖에 없다. 당시 언론 보도를 기억하는가? 최순실이 박 대통령이 먹는 '콩나물 대가리'까지 챙기고, 최순실의 언니는 김장 김치까지 챙겼다고 한다. 박근혜는 2017년 3월 31일에 구속되어 25년 형을 선고받아 옥중 생활을 하고 있다. 감옥에 있으니 음식 취향을 바꿀 수도 없다.

비슷한 성향끼리 만나면 탈 난다

이른바 '박근혜의 밥상'처럼 내향적인 사람이 내향적인 음식을 먹으면 해롭다. 예컨대, 내향적인 사람이 냉면, 냉음료수, 아이스크림처럼 차가운 음식을 먹으면 속이 허(虛)해진다. 또 내향적인 사람이 곰탕, 북어국, 시래깃국, 초밥, 우동, 기스면처럼 내향적인 음식을 많이 먹는 것도 바람직하지 않다. 내향적인 사람은 가급적 묵은 김치, 김치찌개, 매운탕, 나물무침처럼 외향적인 음식을 먹는 것이 좋다.

반대로 외향적인 사람에게도 똑같은 논리가 적용된다. 활발하고 적극적인 성격인 외향형은 생선, 야채, 미역국처럼 싱겁고 연하고 부드러운 음식과 요리를 가급적 많이 먹기 바란다.

당신은 어떻게 먹고 있는가?

최근 한 일간신문이 '한국인이 좋아하는 소울 푸드' 다섯 가지를 선정했다. 1위는 치맥, 2위는 김치, 3위는 라면, 4위는 삼겹살, 5위는 떡볶이였다. 여기에도 허슈 박사의 이론과 음양 원리, 강약 원리가 들어 있다.

치맥은 부드러운 맥주와 요란한 닭의 조합이어야 좋고, 김치는 맵고 짠 김치와 부드럽고 연한 밥의 조합이어야 좋다. 라면은 매운 라면과 연한 달걀의 조합이 좋다. 삼겹살은 연한 돼지와 독한 소주의 조합이어야, 떡볶이는 매운 떡볶이와 담백한 어묵의 조합이어야 제맛이 난다. 만약 맥주에 삼겹살을 먹고 김치와 김치찌개를 함께 먹는가 하면, 라면에 고추장을 풀고 삼겹살에 맥주를 마시며, 떡볶이에 케첩을 넣어 먹으면 몸에 좋지 않다. 사람과 음식의 관계뿐만 아니라 음식과 음식의 관계에 있어서도 상반된 조합이어야 좋다. 당신은 어떻게 먹고 있는가?

보스의 온더락 vs 참모의 폭탄주

보스와 참모의 식성은 어떻게 다를까? 전두환 대통령은 화끈하고 적극적인 외향형 인간으로, 금방 화를 내고 또 금방 풀어지는 '보스형 권력자'다. 전 대통령은 성격대로 음식을 가리지 않고 잘 먹었다. 그중에서 시래깃국과 소고기 갈비를 좋아했다. '강한 전두환'이 '부드러운 시래깃국'을 좋아한 것이다. 그는 1989년 11월부터 2년간 강원도의 백담사에서 스님들과 함께 생활했으니 아무래도 고기류보다 채소류를 많이 먹었을 것이다. 전 대통령처럼 '뜨거운 사람'은 시금치, 콩나물, 두부처럼 '차가운 음식'을 많이 먹을수록 몸에 좋다. 그렇지 않고 고추장, 된장처럼 맵고 짠 '뜨거운 음식'을 많이 먹으면 화가 나고 더 흥분하게 된다. 전 대통령은 해조류나 식물류처럼 연하고 부드러운 음식을 많이 먹어야 급한 성격을 가라앉힐 수 있다.

아주 내성적인 사람의 식성을 살펴보자. 노태우 대통령은 신중하고 차분한 내향형 인간에 속한다. 목소리도 나긋나긋하고 발걸음도 조심스러운 '참모형 권력자'의 모습이다. 음식도 가려먹는 편이다. 노태우는 입맛이 없을 때는 잘게 썬 김치와 물과 밥을 한꺼번에 넣고 푹푹 끓인 이른바 '김치국밥'을 찾았고, 멸치국물에 김치를 송송 썰어 넣고 끓인 '갱죽'을 즐겨 먹었다. '밋밋한 노태우'가 '화끈한 김치국밥과 갱시기'를 좋아했으니 음식 궁합이 잘 맞았다. 정리해보면, '강한 전두환'은 '연한 음식'을 좋아하고 '연한 노태우'는 '강한 음식'을 좋아한 셈이다.

두 사람의 음주 스타일도 판이하게 달랐다. 전두환은 술이 약해서 양주에 얼음물을 섞은 온더록을 마시거나 아예 술 대신 물을 마셨다고 한다. '강한 사람'이 '연한 술'을 마신 것이다.

반대로 노태우는 술을 자주 마시지는 않지만 일단 마셨다 하면 독한 양주와 폭탄주를 많이 마셨다. 군인 시절에 1년에 한두 번씩 주한미군 장교들과 술 시합을 하면, 두주불사(斗酒不辭)형으로 주위를 깜짝 놀라게 만들곤 했다. '차가운 노태우'가 '뜨거운 술'을 잘 마셨다.

한방 원리에 의하면, 노태우처럼 신중하고 우유부단한 성격인 사람은 단백질의 필수 아미노산이나 비타민이 부족한 경우가 많으니, 소고기, 닭고기, 돼지고기 같은 육류를 많이 섭취해야 한다. 즉, 고단백 식생활로 개선할 필요가 있다. 부드러운 사람은 강한 고기를 많이 먹어야 한다.

한의학의 사상체질론에 의하면, 전두환은 태양인, 노태우는 태음인으로 환상의 콤비다. 다만, 냉혹한 정치 현실이 두 사람의 사이를 두 쪽으로 갈라놓았다.

프로이트, 융, 라스웰의 음식 궁합

우리나라 대통령들의 음식 취향이 허슈 박사의 이론에 잘 들어맞는 이유는 무엇일까? 다시 말해 좋아하는 음식과 성격이 반대인 이유는 무엇일까? 여기에는 성격심리학자 칼 융과 분석심리학자 지그문트 프로이트, 정치심리학자 해럴드 라스웰의 합성어인 이른바 '융프라우' 원리가 작용하기 때문이다.

프로이트에 의하면, 사람은 자기에게 없는 것을 외부로부터 획득하려는 '보상 심리'를 가지고 있다. 예컨대 몸이 차가운 사람은 뜨거운 음식을 통해 자기에게 부족한 '뜨거운 에너지'를 보충하려고 한다. 또한 융에 의하면, 서로 다른 것끼리 조화를 이루려는 내향형과 외향형의 상호작용 때문이다. 마치 자석의 N극이 같은 N극은 밀어내고, 다른 S극은 잡아당기듯이 서로 다른 것끼리 조화를 이루려는

대통령의 성향 & 음식의 성향 간 관계

- **이승만(외향형)**: 현미떡국, 물김치, 콩나물, 두부, 계란찜, 생선구이(내향형)
- **박정희(내향형)**: 고추장비빔밥, 콩나물국밥, 갈비(외향형)
- **전두환(외향형)**: 시래깃국, 소고기갈비, 온더록 술(내향형)
- **노태우(내향형)**: 김치국밥, 갱죽, 독한술(외향형)
- **김영삼(외향형)**: 칼국수, 해물, 대구지리탕, 생선미역국, 과일(내향형)
- **김대중(내향형)**: 홍어회, 삼합, 깍두기국밥, 민어매운탕, 중국요리(외향형)
- **노무현(외향형)**: 조개탕, 삼계탕, 설렁탕, 생선 지리탕(내향형)
- **이명박(외향형)**: 날계란비빔밥, 물회, 순두부, 스파게티, 피자(내향형)
- **박근혜(내향형)**: 소식, 현미밥, 야채, 채소(내향형)
- **문재인(내향형)**: 대식, 한정식, 민물매운탕, 붕어탕, 생선조림(외향형)

무의식적 에너지가 작용한다. 그리고 라스웰에 의하면, 자신과 다른 방향으로 가려고 하는 차별화 심리와 함께 기존의 것을 없애려고 하는 창조적 파괴심리가 동시에 작용하기 때문이라고 본다. 강한 사람은 부드럽게 보이려고 노력하고, 반대로 부드러운 사람은 강하게 보이려고 노력하면서 기존의 것들을 파괴하려고 한다. 역대 대통령의 음식과 성격을 정리해 보았다.

부자들은
왜 채식과 소식을 할까?

"야채 좀 더 주세요"

고깃집에 가서 야채를 유난히 많이 시키는 사람들이 있다. 고기를 먹으러 왔는지 야채를 먹으러 왔는지 모를 정도다. 어떤 사람들은 고급 레스토랑에 가서 야채와 과일로 만든 샐러드만 먹는 사람도 있다. 유심히 살펴보면 '한사코 고기를 먹으려는 사람'과 '한사코 야채를 먹으려는 사람'으로 나누어진다.

당신은 어떻게 생각할지 모르지만, 부자나 성공한 CEO들은 고기보다 야채 같은 채식을 선호하는 경향이 뚜렷했다. 채식을 좋아하는 사람은 외향적인 사람들이 많고, 외향적인 사람들은 대체로 열정적이고 적극적이며 긍정적이다. 부자나 성공한 CEO들은 외향적인 사람들이 훨씬 많다.

이쯤 되면 해답이 나왔다. '부자=외향적 성격=내향적인 음식 선호=채식 선호'라는 등식이 만들어진다. 그래서 부자들은 고기보다 생선을 좋아하고, 생선보다 야채를 더 좋아한다. 또 한식보다 일식을 좋아하고, 매운탕보다 지리를 좋아하며, 양보다 질을 따진다. 이렇게 까다롭게 때문에 그들은 반드시 '단골 식당'을 둔다. 부자들은 단순히 건강을 위해서가 아니라 음식의 원리를 본능적으로 활용하고 있다. 그들은 허슈 박사의 이론을 들어본 적도 없지만 무의식적으로 '부자 되는 법'을 실천하고 있는 것이다.

레오나르도 디카프리오의 채식 운동

영화 〈타이타닉〉으로 유명한 배우 레오나르도 디카프리오(Leonardo Di Caprio)는 "앞으로 고기를 줄이고 대신 채소와 야채를 많이 먹겠다"고 선언했다. 육식 대국인 미국을 중심으로 '고기 덜 먹기 운동'과 '채식(vegan) 운동'이 2019년 5월부터 본격적으로 시작됐다. 영국 시사 주간지 〈이코노미스트〉는 '세계경제 대전망 2019(The World in 2019)'에서 2019년은 '비건의 해'가 될 것이라는 전망을 하기도 했다.

여기에 빌 게이츠(Bill Gates)와 앨 고어(Al Gore) 전 부통령, 캐머런(David Camerond) 전 영국 수상 등 저명인사들이 동참하고 있다. 빌 게이츠는 최근 자신의 유튜브에 아이스크림을 만들어 먹는 동영

상을 올렸다. 이들이 누구인가? 모두 유명 인사들이자 부자들이다.

왜 부자들이 갑자기 채식 먹기 운동에 나섰을까? 밖으로 내세운 이유는 개, 고양이, 닭, 오리 같은 다양한 반려동물이 급속도로 증가함에 따라 동물 권리 보호 차원에서 육식 동물로 만든 음식을 적게 먹자는 것이다. 대신 콩, 버섯, 호박 등 식물성 단백질로 고기 맛이 나는 '인조 고기'를 만들어 먹자고 제안하고 있다.

이 때문에 채식주의자들이 급속도로 늘어난다면 덩달아 외향적인 사람들도 늘어나게 될까? 외향적인 사람들은 적극적이고 긍정적이어서 사업적 능력이 있는 사람들이다. 그건 좋은 일이 아닌가? 다만, 자연의 법칙이 있듯이 음식의 법칙도 있다. 육식과 채식의 균형이 깨진다면, 외향형 인간과 내향형 인간의 균형도 깨질 수 있지 않을까?

스티브 잡스의 일본 요리 vs 빌 게이츠의 중국 요리

스티브 잡스(Steve Jobs)는 활발하고 톡톡 튀는 외향형 인간이다. 독특한 옷차림과 명강연으로 늘 화제를 불러일으켰다. 그래서일까? 외향적인 잡스는 내향적인 성향을 지닌 생선초밥을 즐겨 먹었다. 연하고 부드러운 일본식 생선초밥! 강한 잡스 vs 연한 생선초밥의 상반된 조합은 잘 어울린다. 스티브 잡스는 음식 취향뿐만 아니라 모든 것을 자신과 반대 스타일로 했다. 서양인인 그는 동양차(茶)를 즐겨 마셨고, 이과대학을 다닌 그는 문과 서적을 즐겨 읽었으며, 복잡한 컴퓨터 일을 하는 그는 단순한 인테리어를 선호했다. 친구도 자신의 성격과 정반대인 빌 게이츠와 가깝게 지냈다. 두 사람은 만날 때마다 티격태격하면서도 서로 많은 아이디어와 영감을 얻어 상생 발전했다.

재미있는 것은 빌 게이츠도 자신의 성격과 반대 성향인 음식을 좋아한다는 사실이다. 빌 게이츠는 다양한 메뉴가 잇따라 나오는 중국 정통 코스 요리를 좋아했다. 입맛이 까다로운 청나라의 서태후를 위해 공들여 만든 것으로 알려진 최고급 요리였다. 내향적인 빌 게이츠가 외향적인 육식을 좋아했으니 요리 궁합이 맞다.

먹방 스타들이 꼭 알아야 할 것

한번은 작심하고 소파에 앉아 리모컨으로 40여 개의 채널을 돌려본 적이 있었다. 그랬더니 20개 정도가 '먹방 이야기'였다. 〈맛있는 녀석들〉, 〈백종원의 골목식당〉, 〈수미네 반찬〉, 〈한끼줍쇼〉, 〈강식당〉, 〈밥친구〉, 〈최불암의 한국인의 밥상〉, 〈허영만의 식객기행〉, 〈해외에서 먹힐까〉 등 하도 많아서 감탄사가 절로 나왔다.

그렇다면 먹방 프로의 출연자들은 어떤 음식을 좋아할까? 백종원, 이영자, 유민상, 김준현, 신동엽, 출연자들은 어떤 음식이든 맛있게 먹는 모습을 보여줘야 한다. 그런데 유심히 살펴보았더니 백종원이 굴전, 삶은새우만두, 계란찜 같은 부드러운 음식을 강력히 추천하는 장면이 있었다. 외향적인 백종원이 내향적인 음식을 추천한 것이다. 또 이영자는 오리고기, 냉동면처럼 부드럽고 차가운 음식을 추천했는데, 이 또한 외향적인 이영자가 내향적인 음식을 추천한 것이다. 언젠가 뚱뚱하고 재기발랄한 개그우먼 이국주가 자기는 낙지를 넣어 담백하게 끓인 '연포탕'을 가장 좋아한다고 말했다. 연포탕은 낙지에 마늘과 파를 넣고 끓인 담백한 음식이다. 외향적인 개그우먼이 내향적인 연포탕을 좋아한 것이다. 우리나라 먹방 스타들을 보면서 '음식=성격'이라는 등식을 다시 한 번 생각해보았다.

요즘 유튜브에는 한꺼번에 엄청난 양의 음식을 먹는 '먹방 유튜버'들이 인기다. 그중에서 '밴쯔'라는 유튜버가 한 번에 어마어마한 양의 음식을 먹는다. 한번은 라면, 족발, 파전, 김치찌개가 10인분이 넘어 보였고, 또 한 번은 우동, 울면, 굴짬뽕, 라조기, 난자완스까지 적어도 15인분은 되어 보였다. 이런 대식가의 체격은 얼마나 클까 싶었지만 놀랍게도 마르고 가냘픈 20대 청년이다. 엄청난 양의 음식을 먹는 또 다른 30대 여성 먹방 유튜버도 보통 체구였다.

반대로 '풍만한 사람'이 '풍만한 음식'을 먹으면 해롭다는 게 음식 심리학의 원리다. 유민상, 김준현처럼 비만 체질인 개그맨들이 방송에 출연해 엄청난 양의 음식을 먹는 걸 보면 걱정된다. 〈범죄와의 전쟁〉, 〈내부자들〉 같은 조폭 영화를 보았는가? 영화 속의 보스들이 음식도 많이 먹고 술도 많이 마시던가? 아니다. 의외로 적게 먹고 적게 마신다.

조폭이든 대기업 총수든 CEO든 권력자들은 의외로 적게 먹는 편이다. 권력자가 되려면 적게 먹어라. 부자들 중에는 채식과 소식을 하는 사람들이 의외로 많았다. 내 주변에 있는 부자나 맛집 칼럼니스트나 요리 전문가 치고 대식가를 보지 못했다.

음식을 보면
대권이 보인다

청와대의 초호화 요리

청와대에 엉뚱한(?) 긴급 제안을 해본다. 문재인 대통령이 황교안, 나경원, 손학규, 정동영, 심상정 등 야당 지도부를 청와대로 초청해서 능성어 요리, 송로버섯 요리 같은 최고급 요리를 융숭하게 대접해보라. 여야 지도부를 한꺼번에 불러도 좋고 차례차례 불러도 좋다. 장담하건대, 국민 여론은 문 대통령에게 유리해지고, 야당은 대놓고 대통령을 공격하기가 껄끄러워질 것이다. 여야 대화의 문이 쉽게 열릴 수도 있다.

현 청와대가 한 번이라도 야당 지도부를 불러서 최고급 요리를 대접한 적이 있었던가? 먹음직한 밥상 앞에 천하장사가 없고, 금강산

도 식후경이다. 미운 사람에게 떡 하나 더 준다는 말도 있다. 대통령
과 집권 여당은 좀 더 넓은 마음으로 야당 의원들에게 맛있는 요리
를 대접해보자.

　　청와대의 '초특급 요리'가 대외에 널리 공개된 적이 두 번 있었다.
한 번은 해외 손님이었고 다른 한 번은 국내 손님이다. 먼저 특급 해
외 손님은 2019년 6월에 한국을 방문한 트럼프 대통령이다. 그는 이
날 청와대 만찬에서 '궁중 수라상'을 대접받았다. 식탁 위에 주 메뉴
인 소고기 스테이크 외에 해물 겨자채, 오이선, 섭산삼, 복주머니쌈,
녹두 지짐이, 잡채, 민어전, 타락죽, 백년 동치미, 울릉도 명이 장아
찌, 필라델피아 치즈, 메밀차가 나왔다. 동석한 트럼프의 딸 이방카
백악관 보좌관이 유대인이어서 그에 알맞은 별도의 식단도 준비했
다. 당신은 이 요리 가운데 몇 가지나 먹어보았는가? 청와대는 사상
최초로 판문점 남북미 3자 정상회담이 열린 역사적인 날이어서인지
트럼프 일행을 위해 최고 중의 최고 요리를 준비했다. 이날 만찬에
서 트럼프와 문재인 두 대통령을 비롯한 참석자들은 허리띠를 풀고
마음껏 먹었을 것이다.

　　특급 요리를 대접받은 국내 손님은 지난 2016년 8월에 오찬을 먹
은 이정현 새누리당 대표다. 박근혜 대통령은 새 당 대표로 선출된
그를 청와대로 초청해 융숭한 오찬을 대접했다. 식탁에는 이 대표가
좋아하는 냉면을 비롯해 송로버섯, 캐비아 샐러드, 샥스핀찜, 바닷

가재, 한우 갈비, 능성어 요리 등 최고급 코스 요리가 올라왔다. '땅속의 보물'로 불리는 송로버섯과 '생선계의 귀족'으로 불리는 능성어 요리는 해외 정상이나 귀빈이 아니면 먹기 어려운 고급 요리다. 그동안 골치 아팠던 김무성 대표 체제가 싹 물러나고 최측근 참모가 당 대표가 되어 나타났으니 얼마나 좋았을까? 당시 박 대통령이 그렇게 많이 웃었던 적이 없었다고 한다. 이런 내용들이 언론에 보도되는 것을 지켜보았던 당내 비박계 의원들과 야당, 그리고 국민들은 어떤 마음이었을까?

대권 주자들의 음식 취향

내년 총선에서 차기 주자로 우뚝 서고, 2020년 대선에서 대통령이 되고 싶으면 지금부터 '강한 음식'보다 '부드러운 음식'을 더 많이 먹기 바란다. 김치찌개, 생선매운탕처럼 맵고 짠 음식보다 생선 지리, 야채, 과일처럼 부드럽고 싱거운 음식을 더 많이 먹어야 한다. 왜냐하면 싱겁고 부드러운 음식을 좋아하는 사람은 외향적일 가능성이 높기 때문이다. 외향적인 사람은 밝고 긍정적이며 적극적인 성격이어서 소통과 통합을 더 잘해낼 가능성이 높다. 권력자가 되고자 한다면 음식 취향조차 신경 쓰기 바란다. 당신이 먹는 음식 속에서 대권운(運)이 싹트고 있다. 벌써부터 나는 20여 명에 달하는 차기 대권 주자들의 음식 취향을 분석하고 싶지는 않다. 대선 후보가 결정되면, 그때 할 일이다.

여기서는 주요 정치 지도자들의 음식 취향에 대해 간략히 살펴보겠다. 이낙연 총리는 국회의원 시절부터 막걸리로 소통해왔다. 고향이 영광이니 지역 특산품인 영광굴비를 당연히 좋아할 테고, 일본통이니 초밥 같은 일본 요리도 좋아하지 않을까? 최근 민생 탐방 차원에서 시장통을 돌면서 닭꼬치, 파전, 마약김밥을 먹는 사진과 경기도 일산에서 들렀던 장어 식당 사진도 인터넷에 올라와 있었다.

황교안 자유한국당 대표는 2016년 5월 총리 시절에 수원 팔달에 있는 통닭거리를 방문해 아내와 함께 치킨을 먹는 사진이 있다. 만약 '느린 이낙연'과 '빠른 장어'의 조합이고 '무거운 황교안'과 '가벼운 닭'의 조합이라면, 제대로 가고 있다.

홍준표 전 대표는 '홍카콜라'라는 유튜브 방송 제목처럼 톡톡 쏘고 시원한 코카콜라 이미지다. 그런데 실제로 콜라를 즐겨 마시는 건 별개의 문제다. 만약 '톡 쏘는 홍준표' 대 '톡 쏘는 콜라'의 조합이라면 맞지 않다. '톡 쏘는 홍준표'에게는 우유나 두유처럼 담백한 음료수가 맞다.

손학규 바른미래당 대표는 된장찌개를 좋아하는데, 어떤 음식을 먹더라도 마지막에는 꼭 밥을 먹어야 식사를 마칠 수 있다고 한다.

'안철수 전 대표는 지난 대선 때 자신의 음식 취향과 관련하여 '먹는 속도가 빠름. 가리지 않음'이라고 밝혔다. 이 짧은 말 속에서 안철수 리더십의 속성을 읽을 수 있다. '정치 속도는 느리지만, 먹는 속도는 빠름', '사람은 가리지만, 음식은 가리지 않음'이라고 확대 해석하는 사람도 있다. 조언하건대, 느린 안철수는 빨라야 승리할 수 있다. 그 의미를 잘 새겨보기 바란다.

박원순 서울시장은 내향적인 성격과는 달리 짭짤한 고등어무조림을 특별히 좋아한다고 말했다.

유시민 노무현재단 이사장은 〈알쓸신잡〉, 〈대화의 희열〉 같은 예능 프로그램에 자주 출연해 다양한 음식을 먹었다. 검은 선글라스를 끼고 부산 중구 부평동에 있는 돼지국밥집에서 국밥을 맛있게 먹는 장면도 나왔다. 만약 '마른 유시민'과 '뚱뚱한 돼지'의 조합이라면 잘 맞다.

다시 말하지만, 허슈 박사와 나의 융프라우 원리를 명심하기 바란다. 부자가 되고 싶고, 성공한 사업가가 되고 싶고 최고의 권력자가 되고 싶다면, 야채와 과일을 부지런히 먹기 바란다. 당신이 무심코 먹는 음식 속에 성공의 원리가 작동하고 있다.

President's
psychology

2장

트라
우마가
내공을
만든다

어린 시절의 충격

당신은 '죽음'을 느껴보았는가?

눈보라 치던 초등학교 4학년 겨울날, 운동장 축구 골대에 매달리다가 뚝 떨어진 적이 있었다. 꽁꽁 얼어붙은 땅바닥에 떨어져 허리가 극도로 아팠고, 숨이 쉬어지지 않았다. 어린 마음에 '이러다 죽는구나!' 하는 공포심이 들어 엉엉 울면서 운동장을 돌았던 악몽이 있다. 돌이켜보면 별것 아닌데 50년이 지난 지금도 '죽음' 하면 그때 일이 떠오른다.

2019년, 오디션 프로그램 〈미스트롯〉에 출연한 여고생이 〈회룡포〉라는 노래를 불렀는데, 그 목소리가 너무 애처로워 눈시울을 적셨다. 알고 보니 어릴 때 부모님이 이혼해서 할머니 손에서 자란 것이었다. 〈서민갑부〉라는 방송 프로그램에는 '한과 강정' 하나로 매년 40억의 매출을 올리는 40대 노총각이 나왔다. 그는 어릴 적에 아버지를 여의고, 홀어머니 밑에서 자랐는데 하는 일마다 실패했다. 설상가상으로 암에 걸린 어머니가 자식에게 부담을 덜어주려고 자살을 시도했다. 두 모자는 부둥켜안고 울면서 "마지막으로 한 번만 더 노력해보자!"라고 다짐한 뒤 강정 장사를 시작해서 성공했다. 누구에게나 남모르는 아픔이 있고, 종종 죽음보다 더한 아픔도 있다.

"주여, 때가 왔습니다/지난 여름은 참으로 위대했습니다/당신의 그림자를 해시계 위에 얹으시고/들녘엔 바람을 풀어 놓아주소서"
〈가을날〉을 쓴 독일 시인 라이너 마리아 릴케를 아는 이들이 많을 것이다. 유난히 장미꽃을 좋아한 탓에 '장미꽃의 시인'으로 유명한 릴케의 삶은 장미 가시처럼 아팠다. 릴케는 칠삭둥이로 태어났고 어머니의 강요로 7살 때까지 여자 옷만 입었으며 9살 때 부모가 이혼했다. 평생 병약했고, 결혼 생활은 순탄치 않았으며, 말년에는 백혈병을 앓다가 51세에 죽었다. 릴케는 그토록 좋아하던 장미꽃을 따다가 가시에 찔린 뒤 파상풍 때문에 죽음을 재촉하게 된 것이다. 장미 가시에 찔린 작은 상처가 갈수록 악화되어 어느새 생명까지 위협하는 것, 그게 트라우마다.

트라우마가 무서운 것은 평생 지속된다는 점이다. 어린 시절에 겪은 정신적 충격이 성인이 된 뒤에도 무의식 속에 남아서 성격 형성과 행동에 영향을 끼친다. 그 트라우마 중에서 가장 무서운 것이 '죽음의 공포'다. 우리나라 대통령들은 성장 과정에서 숱한 죽음의 트라우마를 겪었고, 그 과정에서 엄청난 내공을 쌓았다. 그 내공이 훗날 권력의지를 강화시키고 마침내 정상에 오르게 만들었다. 요컨대, 트라우마가 내공을 만들고, 내공이 성공을 만들었다. 따라서 대한민국에서 정상에 오르려면, 반드시 갖추어야 할 조건이 '내공'이다.

'트라우마 덩어리'인
한국 대통령들

문재인의 운명을 바꾼 두 개의 상처

순탄한 삶을 살아온 것처럼 보이는 문재인 대통령. 그가 겪었던 죽음의 트라우마는 무엇일까? 그의 자서전과 인터뷰를 종합해보면, 평생 가슴에 남아 있는 '두 개의 죽음'이 있었다. 하나는 '아버지의 죽음'이요, 다른 하나는 '노무현의 죽음'이었다.

그의 아버지는 북한에서 태어나 좋은 학교를 나와 좋은 직장을 가졌지만, 6·25 전쟁이 발발하여 월남한 이후 힘든 생활을 보내다가 홀연히 세상을 떠났다. 그것도 문재인이 가장 힘들고 괴로울 때 세상을 떠났다. 어린 문재인은 초등학교 저학년 시절, 구호 식량인 강냉이 가루와 전지분유를 배급받기 위해 큰 양동이를 들고 성당으로 가곤 했다. 워낙 가난해서 그토록 타고 싶었던 자전거도 끝내 배우지 못했다. 연실을 감는 얼레와 굴렁쇠, 자치기용 자를 애써 만들어 보았던 기억도 있다. 아버지는 마지막으로 혼신을 쏟아부었던 '양말 사업'이 망하면서 두 번 다시 재기하지 못하고 말았다. 1979년, 친척의 회사 일을 돕던 아버지는 밖에서 저녁 식사를 하다가 쓰려져 그대로 세상을 떠나고 말았다. 향년 59세, 사인은 심장마비였지만 과로사일 가능성이 높았다. 문재인이 군대에서 제대한 후 복학도 하지 못한 채 가장 힘들었던 시기다. 문재인은 이렇게 말했다. "아버지는 무너졌고 두 번 다시 일어서지 못했다. 분단과 전쟁 때문에 아버지가 당신의 삶을 잃은 것이 늘 너무 가슴 아팠다."

1978년 허망하게 떠난 아버지의 죽음을 보고 고시 공부를 하기로 마음먹은 문재인은 지인의 소개로 전라도 해남 대흥사 대광명전이라는 암자로 내려갔다. 그때 고시 공부를 하면서 가끔 대륜산에 올라 내려다본 해남 땅끝마을과 다도해, 일지암에서 마신 작설차, 계곡에서 잡은 버들치로 스님 몰래 끓여 먹었던 매운탕은 평생 잊지 못할 추억이었다.

어머니에 대한 아픈 기억은 1980년 신군부에 의해 구속당할 때였다. 10일 넘게 아들의 생사를 모르던 어머니가 경찰서 앞에서 무작정 기다리다가 구치소로 이동하는 호송차 안의 아들을 발견하고 손을 휘저으며 "재인아, 재인아!" 하고 외쳤다. 훗날 문재인은 "혼자서 어머니를 생각하면 늘 떠오르는 장면이다"라고 회상했다.

문재인의 운명을 180도 바꿔버린 진짜 트라우마는 2009년 5월 23일 노무현 대통령의 투신 자살이었다. 나이로 6살 위이고 고시는 5년 위지만 친구이자 평생 동지로 지냈던 두 사람이었다. 문재인은 노 대통령의 마지막 모습을 직접 보았다. "병실에 들어섰다. 눈을 감고 말았다. 차마 표현하기 어려운 처참한 모습이었다. 내 생애 가장 고통스럽고 견디기 힘들었던 그날은 그렇게 시작됐다."

일반적으로 죽은 사람의 모습을 목격하면 심리적인 상처를 받게 된다. 하물며 가족이나 오랜 지인이라면 그 정도가 심할 것이다. 문재인은 자서전《운명》의 서두 부분은 노무현 대통령의 죽음에 대한 내용으로 시작했다. 노 대통령의 갑작스러운 죽음은 '부드러운 문재인'을 '강인한 문재인'으로 거듭나게 했다. 만약에 노무현 트라우마가 없었다면 오늘날 문재인 대통령은 없었을지 모른다.

소설《개미》로 유명한 작가 베르나르 베르베르가 2019년 6월에 《죽음》이라는 소설을 출간했다. 요즘 최대 화두는 죽음이다. 국내 대형 서점에 가면 죽음에 대한 책들이 쏟아져 나오고 있다. 그 죽음으로 몰고 가는 것이 트라우마다.

문재인 대통령이 트라우마 치유에 앞장선 것은 다행스러운 일이다. 문 대통령은 역대 어느 대통령보다 트라우마 치유에 많은 관심을 쏟고 있다. 이미 국가 100대 아젠다 가운데 하나로 '트라우마'를 선정했고, 광주와 제주도에 트라우마 센터를 설립하겠다고 약속했다.

요즘 대한민국 자살률은 OECD 34개국 중에서 최상위에 있다. 하루 평균 40여 명, 한 해 평균 1만 4,000여 명이 스스로 목숨을 끊는다. 정치인들의 자살률도 세계 1위가 아닐까? 엽기적인 살인 사건도 연일 터져 나오고 있다. 자살과 살인의 앞뒤에는 늘 트라우마가 있다.

가족 잔혹사 & 과잉 트라우마의 박근혜

가족 잔혹사! 한국 현대사에서 박근혜 대통령만큼 극단적인 한 지붕 세 가족 트라우마를 가진 사람도 없다. 박근혜 대통령의 정신세계에서 영원히 지울 수 없는 죽음의 트라우마는 두말할 것 없이 부모의 죽음이다. 1974년 어머니에 이어 1979년 아버지마저 총탄을 맞고 세상을 떠난 정신적 충격은 아마 보통 사람들은 상상조차 못할 것이다. 전쟁도 아닌 상황에서 부모가 총으로 피살된 경우가 어디 있겠는가?

어머니의 죽음은 박근혜가 생전의 어머니를 닮고 싶은 연모(戀慕) 심리를 갖게 했다. 올림머리와 머리핀, 부드러운 미소, 한복 차림, 단아한 자세는 어머니를 그리워하고 재현하려는 심리의 발로일 것이다. 아버지의 죽음은 박근혜가 하여금 아버지의 원수를 갚고야 말겠다는 '보복 심리'를 갖게 했을 것이다. 여기서 한 가지 짚고 넘어가지 않을 수 없는 것은 '배신의 트라우마'다. 배신은 죽음 못지않게 뼈아픈 상처를 남긴다. 박 대통령이 유난히 배신의 트라우마를 많이 겪기는 했지만, 다른 대통령들도 비슷한 경험이 적지 않았다. 우리도 일상 속에서 크고 작은 배신 트라우마 때문에 괴로워하지 않았던가?

면도칼이라는 말은 듣기만 해도 섬뜩하다. 박근혜 대통령 본인이 직접 겪은 죽음의 공포는 2006년 5월 면도칼 테러였다. 당시 한나라당 대표로 오세훈 서울시장 후보를 지원 유세하던 중 신촌에서 괴한에게 면도칼로 테러를 당해 얼굴에 60여 바늘을 꿰매는 봉합 수술을 받았다. 만약 상처가 위아래로 1~2센티미터만 어긋났어도 목숨을 잃을 수 있는 아슬아슬한 순간이었다.

이 사건은 박 대통령의 정치 인생에서 중요한 전환점이 되었다. 병상에서 던진 "대전은요?"라는 한마디가 선거 판세를 뒤집었고, 수술 중에 의사들에게 던진 "당신들은 내 속살을 처음 본 사람들"이라는 유머는 위기 속에서 흔들리지 않는 잔다르크 이미지를 각인시켰다. 국민들은 면도칼 테러 앞에서 당당한 박근혜의 면모를 보고 감탄했다. 이때를 기점으로 박근혜는 부모의 후광에 기댄 '종속 정치인'에서 부모의 후광에서 벗어난 '독립 정치인'으로 변신했다.

세월이 흘러 2017년 3월에 박근혜 대통령은 헌정 이래 처음으로 현직 대통령의 파면이라는 최악의 '정치적 트라우마'를 겪게 되었다. 파면 자체보다 이 과정에서 온갖 낯 뜨거운 소문과 의혹, 흐트러진 머리와 화장기 없는 민얼굴로 재판정을 오가는 것이 더 힘들었을 것이다. 박근혜의 가족 트라우마는 부모와 자식 3명이 너무 오랫동안, 너무 깊게, 너무 극적인 방식으로 이뤄졌다는 점에서 '과잉 트라우마'라고 할 수 있다. 과잉 트라우마는 냉철한 판단력을 마비시켜 정상적인 사고와 인간관계를 망가뜨린다.

사형수, 고문, 이혼, 외아들과 양아들의 죽음, 망명

누구나 죽을 고비를 겪으면 눈빛이 달라지고 세상을 보는 눈이 달라진다고 한다. 당신은 죽을 고비를 겪어보았는가? 초대 이승만 대통령이 겪은 첫 죽음의 트라우마는 20대 중반 '사형수' 시절이었다. 1899년 24살 때 고종 폐위를 주장하는 독립협회 사건에 연루되어 한성감옥에 투옥된 적이 있었다. 특별히 대형 사고를 일으킨 것은 아니었기 때문에 몇 달 후면 석방될 수 있었다.

그러나 감방 동료 2명과 탈옥하다가 붙잡히는 바람에 최악의 상황을 맞이했다. 다른 두 명의 탈옥 미수범은 총살당했고 이승만은 추운 겨울날 1인당 면적 0.23평밖에 안 되는 비좁은 감옥에서 언제 사형될지 모르는 상태로 하루하루를 보냈다. 목에 10킬로그램이 넘는 길고 무거운 형틀을 둘러쓴 채 밤을 보냈고 낮에는 불려 나가 온갖 고문을 당했다. 절박한 상황에서 이승만은 기독교로 완전히 개종하고 하나님께 매달렸다.

"주여! 주여!" 이승만은 죽음 앞에서 하나님께 기도하고 또 기도했다. 목 놓아 외쳤다. 목에 칼을 써서 옴짝달싹도 못하는 이승만은 옆 죄수가 보여주는 성경책을 읽었다. 추위와 고문과 죽음의 공포가 엄습해오던 어느 날 문득, 이승만은 하나님의 음성을 듣게 된다. "네가 네 죄를 회개하면 하나님께서 너를 용서하실 것이다"라는 배재학당 예배실에서 들었던 설교 말씀이 귓전에 들려왔다. 순간 그는 목을 채운 무거운 나무칼을 두른 채 벌떡 일어나 소리 높여 통성으로 기도했다. "오 하나님! 내 영혼과 내 나라를 구해주옵소서!" 이 절박한 기도를 계기로 이승만은 유교적인 가풍에서 완전히 벗어나고, 독실한 불교신자였던 어머니의 틀에서 완전히 벗어났으며, 마침내 기독교로 온전히 귀의하는 계기가 되었다. 우리는 주변에서 신앙으로 완전히 거듭난 사람들을 본다. 학창 시절 말썽꾸러기였던 내 절친한 친구는 목사가 되어 늘 밝은 표정으로 행복한 삶을 보내고 있다.

이승만은 어찌 된 일인지 하나님의 음성을 들은 이후 고문이 더 이상 고통스럽지 않았다. 모진 고문을 신앙으로 극복하게 된 것이다. 그때부터 옥중 죄인들을 열심히 전도하고 그들에게 성경 공부를 가르쳐 주었다. 다행히 고종황제의 특별사면을 받아 무기징역으로 감형되었고 6년 만에 출옥했다. 이승만이 감옥에서 겪은 고문 후유증은 워낙 커서 훗날 대통령이 된 뒤에도 가끔 비가 오면 얼굴이 실룩거리거나 통증으로 나타났다.

감옥 속 죽음의 공포와 혹독한 고문은 그에게 강인한 투지와 강고한 신앙심을 길러주었다. 또 감옥에서 40여 명을 전도한 공로를 국내 미국인 선교사들로부터 인정받아 미국 명문대로 유학 갈 수 있었다. 죽음의 공포에 떨었던 감옥 생활이 그의 의지를 굳게 만들었고, 해외 유학의 길을 열어주었으니 보통 전화위복이 아니다. 훗날 그는 자서전에서 이렇게 말했다. "나는 6년 반 동안의 감옥살이에서 얻은 하나님의 축복에 영원히 감사드립니다."

16살짜리 6대 독자의 죽음

세상에 하나밖에 없는 외아들이 만리타국에서 전염병에 걸려 죽어버렸다면, 그 부모의 심장은 찢어질 것이다. 더구나 그 아들을 무리하게 해외로 데려갔던 아버지의 심정은 어떠했겠는가? 평생 이승만 대통령의 삶을 지배했을 트라우마는 외아들 이봉수(일명 이태산)의 죽음이었다.

이승만은 1891년 16세의 나이에 첫 부인 박승선과 결혼하여 이봉수를 낳았다. 6대 독자인 이승만이 아들을 낳자 온 집안은 경사였고, 이승만에게 보물보다 더 귀한 자식이었다. 이승만은 감옥에서 석방되자마자 부인을 국내에 남겨둔 채, 미국 유학길에 오르면서 아들을 데려갔다. 불행히도 아들은 이국땅에서 장티푸스에 걸려 필라델피아의 사립 병원에서 14세의 나이에 죽고 말았다. 아, 자식을 먼저 보낸 아버지의 아픔을 어찌 말로 표현하겠는가? 외아들의 병사(病死)는 아내와의 관계도 틀어지게 했고, 결국 1912년에 공식 이혼했다. 이는 훗날 이승만 대통령이 재혼한 아내 프란체스카 여사에게 집착하게 된 계기이기도 했다.

이승만의 '외아들 트라우마'는 죽을 때까지 지속되었다. 이승만은 자유당 말기인 1957년에 정권의 2인자인 이기붕 국회의장의 장남인 이강국을 양자로 입적했으나, 이강국은 4·19 혁명 때 권총으로 자살하고 말았다. 비록 양아들이었지만 정성을 쏟아부었던 그의 권총 자살은 이 대통령에게 또다시 충격을 주었다.

1960년 4·19 혁명으로 인해 대통령직에서 물러나 하와이로 망명을 떠나 있던 이승만은 대(代)가 끊기는 것을 우려한 종친들의 권유에 못 이겨 또 다른 양아들을 입적했다. 투옥, 고문, 외아들의 병사, 이혼, 해외 독립운동, 양아들의 자살, 해외 망명으로 이어지는 이승만의 험난한 삶을 보면, 쉼 없는 트라우마의 연속이었다.

이승만 대통령에 대한 글을 쓸 때마다 떠오르는 사람은 백범 김구 선생이다. 리더십 전문가의 입장에서 볼 때 만약 백범이 대한민국 초대 대통령이 되었다면 대한민국은 어떻게 변했을까 생각해본다. 상해 임시정부에 걸려 있었던 그의 액자 속 "良心建國(양심건국)"이라는 붓글씨가 새삼 와닿는다.

이승만은 1875년생, 김구는 1876년생이고, 이승만의 키는 170센티, 김구의 키는 180센티미터였다. 이승만은 왕손이고 김구는 극빈층이었다. 두 사람의 성장 과정과 퍼스널리티는 너무나 달랐다. 김구는 한 살 위인 이승만에게 사석에서 "형님!"이라고 부르며 깍듯이 존대했다고 한다. 백범은 대한민국 정부 수립 이듬해인 1949년 6월 26일 향년 72세에 암살당해 비운의 삶을 마감했다. 태어나서 죽을 때까지 숱한 죽을 고비를 넘겼던 그의 트라우마를 여기서 싣지 못해 아쉽다.

유기 불안, 남로당 사건, 형제, 아내의 죽음

종종 기구한 운명을 갖고 태어난 아이가 있다. 어머니 배 속에서 삶과 죽음의 경계선을 넘나들었던 아이, 박정희가 그렇다. 그의 어머니는 6남매를 낳고 45세에 박정희를 임신한 것이 동네 사람들에게 부끄러워 태아를 지우려고 온갖 수단을 동원했다. 짜디짠 간장을 사발째 마시거나 독한 밀기울(밀 찌꺼기)을 끓여 마셨는가 하면, 높은 섬돌에서 뛰어내리는 등의 방법으로 태아 지우기를 시도했지만 모두 실패했다. 결국 태아는 어머니의 배 속에서 유기 불안(遺棄不安)이라는 극도의 공포를 참고 견디면서 가까스로 살아남았다.

프로이트에 의하면, 인간은 태어날 때부터 어머니에게 거부당하는 것을 두려워하는 불안 심리를 갖게 되는데, 박정희는 그런 죽음의 공포와 불안 심리를 힘겹게 극복하고 세상에 태어난 것이다. 박정희는 어머니와 이런 출생의 악연 탓인지, 나이가 들수록 어머니로부터 멀리 떠나기 시작했다. 어머니 몰래 시험을 치러 대구 시내로 떠나더니 급기야 군인이 되어 멀리 만주로 떠나버렸다. 심리학적으로 태아의 고통스러운 출생은 훗날 강력한 생존 의지로 연결된다. 어머니의 출산 상태는 태아에게 중요한 영향을 미친다.

누구에게나 감추고 싶은 트라우마가 있다. 박정희 대통령이 영원히 꼭꼭 감추고 싶었던 트라우마는 1948년 남로당 사건이다. 당시 육군 소령이었던 박정희는 여순반란사건 때 공산당 조직과 연루된 혐의로 특무대(오늘날의 기무사)에 체포되었다. 자칫 사형을 당할 수 있었다. 고문 기술자로 악명을 날린 특무대장 김창룡에게 체포된 박정희는 남산 기슭에 있는 헌병대 영창으로 끌려가 매일 전기 고문과 몽둥이찜질을 당했다. "그때 얼마나 고통스러웠는지…." 훗날 박정희는 고문의 고통에 대해 그 한마디 외에는 입을 열지 않았다. 당시 남로당 관련자들이 형장의 이슬로 사라졌고, 박정희도 언제 죽을지 모르는 상황이었다. 하루하루 죽음의 그림자가 스쳐 지나갔다. 천우신조로 만주 군대 선배들의 도움을 받아 구속된 지 한 달 만에 풀려났다. 하지만 군복을 벗어야 했고, 사랑하던 여인(이현란)은 떠나버렸다. 모든 것이 끝나버린 벼랑 끝 상황이었다.

하늘이 도왔을까? 1950년 6·25 전쟁이 발발하면서 같은 해 7월 14일 육군 소령으로 복귀할 수 있었고, 전공(戰功)을 세울 수 있었다. 국가적으로 최악의 위기가 개인적으로 최고의 기회를 제공한 셈이다. 박정희는 생사고락을 아슬아슬하게 넘나드는 과정에서 강인한 투지와 철저한 반공(反共) 의식을 갖게 된다.

"상희 형, 상희 형!" 동생 박정희는 셋째 형 박상희를 아버지처럼 따랐다. 180센티의 훤칠한 키에 잘생긴 미남으로 대구 지역에서 엘리트였던 박상희는 집안에서 가장(家長) 역할을 했다. 앞날이 창창

했던 형이 1946년 10월 대구 사건 때 좌익으로 몰려 경찰들의 총에 맞아 죽고 말았다. 엄청난 '형 트라우마'였다. 형의 죽음은 박정희로 하여금 사상 문제에 휘말리게 만들었고, 1948년 10월 여순사건 때는 남로당 사건에 연루되어 군복을 벗게 만들었다. 아이러니하게도 셋째형의 죽음은 박정희로 하여금 반공 투사로 거듭나게 했고 훗날 대통령이 되게 만든 계기가 되었다. 박정희는 형의 딸 박영옥을 자식처럼 돌보았고, 훗날 김종필 전 총리에게 시집을 보냈다. 셋째형 박상희 외에 맏형 박동희와 넷째형 박한희(박한생)도 일찍 세상을 떠났다. 막내인 박정희에게 형들의 죽음은 알게 모르게 깊은 트라우마를 남겼다.

현대 심리학 실험에 의하면, 스트레스의 강도가 가장 높은 것은 아내의 죽음이다. 배우자의 죽음은 부모나 자식의 죽음보다 더 많은 스트레스를 주는 것으로 나타났다. 1974년 육 여사의 갑작스런 피살은 박정희 대통령을 극심한 심리적 낭떠러지로 몰아부쳤다. 보금자리가 일시에 불타버린 상황이라고 할까? 망연자실한 박 대통령은 정신적 공황상태에 빠져 술에 의지했다. 다행히 맏딸 박근혜가 영부인의 역할을 대신하긴 했지만, 박 대통령의 마음속에는 어둡고 무거운 그림자가 짙게 자리 잡고 있었다. 이런 상태에서 1979년 10월 26일 믿었던 부하의 총에 맞아 비운의 생을 마감하게 된다. 박정희는 태어나기도 전에 죽음과 싸웠고, 살아생전에도 숱한 죽음과 싸웠으며, 마지막 순간에도 죽음과 싸우다 죽은 것이다.

2장 트라우마가 내 삶을 만든다

전두환, 형제들의 죽음, 사형선고,
10 · 26과 12 · 12 하극상, 어머니의 이빨

과도한 권력욕은 어릴 적 형제 관계의 비극에서 비롯된 것일까? 어린 전두환은 10남매의 형제 관계 속에서 죽음의 트라우마를 직·간접적으로 겪었다. 첫째 형 전열환은 7살 때 마루에서 떨어져 죽었다. 100일 만에 걸음마를 하고 3살 때부터 천자문을 외워 신동으로 통했던 첫째 형의 죽음은 부모에게 엄청난 슬픔을 안겨주었다. 둘째 형 전규곤은 생후 5개월에 이웃집 여자아이의 등에 업혀 있다가 실수로 땅에 떨어져 죽고 말았다. 둘 다 전두환이 태어나기 전에 일어난 사고였기 때문에 직접 느끼지는 못했지만, 훗날 전두환의 정신세계에 심리적 영향을 주었을 것이다. 전두환이 1931년에 태어난 이후에는 여동생이 1살이 채 되지 않아 병으로 죽었다.

결국 10남매 중에서 7남매가 살아남았고, 전두환은 형제 관계의 트라우마를 겪으며 성장했다. 훗날 '가혹한 권력사'만큼이나 '가혹한 가족사'였다.

자식의 미래를 위해 당장 생니 3개를 뽑을 수 있는 부모가 얼마나 되겠는가? 1981년에 출간된 전두환의 전기 《황강에서 북악까지》를 보면, '어머니 이빨 트라우마'와 관련된 얘기가 나온다. 전두환의 어머니는 아들 두환이 1살이던 시절, 집 앞을 지나가던 승려로부터 이상한 예언을 들었다. "당신(어머니)의 툭 튀어 나온 앞니가 아들(전두환)의 앞날을 가로막을 거요!" 이 말을 듣자마자 어머니는 부엌으로 달려가 집게로 생니 3개를 뽑아버리고, 피를 흘리며 혼절했다. 요즘 부유층 어머니의 맹목적인 자식 사랑보다 훨씬 더 강도가 세다. 아무리 자식의 미래가 중요하다고 멀쩡한 생니를 뽑겠는가? 전두환의 전기에 등장한 이야기인 걸 보면, 그의 머릿속에 어머니의 존재가 특별한 트라우마로 남아 있는 것 같다. 전두환에게 두 형과 여동생의 죽음은 훗날 형 전기환과 동생 전경환에 대한 과도한 집착(형제 비리)으로 나타났을 가능성이 높다.

사형수들의 심정을 상상해보자. 전두환 대통령이 '본인의 죽음'에 대해 가장 뼈아프게 느껴본 것은 아마 'YS 정권의 사형선고'가 아닐까? 김영삼 정부 후반기인 1996년 8월 서울지방법원 1심 재판에서 전두환은 재판장으로부터 다음과 같은 판결문과 함께 사형선고를 받았다. "피고 전두환은 반란수괴로서 군 병력을 동원해 헌정사를 크게 주름지게 한 행위는 정상참작의 여지가 전혀 없다!" 설마 전직 대통령을 사형에 처하리라고는 생각치 않았겠지만, 온 국민이 지켜보는 가운데 사형선고를 받는다는 것은 보통 충격적인 일이 아니다. 사형 선고는 1997년 4월에 대법원에서 최종 확정되었지만, 같은 해 12월에 국민대화합 차원에서 특별 사면되었다. 감옥에서 8개월 동안 사형수로 지냈다. 이때 전 대통령은 목숨을 걸고 20일 이상 옥중 단식 투쟁을 했지만, 공식 단식으로 인정받지 못했다. 전 대통령에 대한 사형선고에는 역사적 평가와 국민적 심판의 의미가 있었다.

아무리 강심장 군인이라도 쿠데타를 하려면 목숨을 걸어야 한다. 정치 군인 전두환이 죽음의 고비를 아슬아슬하게 넘긴 것은 1979년 10·26 사태와 12·12 쿠데타, 1980년 5·18 광주민주화운동일 것이다. 당시 보안사령관이자 안기부장 직무대행이었던 전두환은 직속 장관인 계엄사령관을 체포하는 하극상을 벌이고, 군내 사조직인 하나회 세력과 전방 군부대를 동원하여 유혈 쿠데타를 일으켰다. 또 광주 시민들을 무자비하게 유혈 진압했다. 만약 그때 전두환의 하극상과 유혈 진압이 성공하지 못했다면 목숨을 보전하기 어려웠을 것이다. 전두환이라고 어찌 두렵지 않았겠는가?

철도 사고, 아버지의 죽음,
어머니의 통곡, 전두환 트라우마

혈기 방장한 시절의 치기 어린 행동은 자칫 죽음을 불러올 수 있다. 노태우는 엉뚱한 곳에서 엉뚱한 사고로 죽을 뻔했다. 1959년 2월, 대위 계급장을 달고 대구에 있는 육군정보학교와 경북 영천에 있는 집을 기차로 통근하던 무렵이었다. 평소에 늘 하던 습관대로 영천역에 내리면서 기차 위에서 가볍게 뛰어내리다가 그만 빗물에 손이 미끄러지는 바람에 기차 밑으로 굴러떨어졌다. 열차 레일 위에 떨어진 순간, 그는 몸 위로 열차가 지나가는 환각을 느꼈다고 훗날 회고록에서 회상했다. 정신을 잃은 후에 깨어나 보니 머리가 피투성이인 채 병원 응급실에 누워 있었는데, 흉터가 아직도 남아 있다. 그

때 얻은 교훈은 "무심코 저지른 작은 실수가 목숨을 빼앗아갈 수 있다"는 것이었다고 한다. 훗날 회고록에 이 사건이 3쪽에 걸쳐 상세히 소개된 것을 보면, 정신적 충격이 컸던 것 같다. 아무리 짧은 순간일지라도 죽음의 공포를 겪은 일에 대해서는 오래도록 잊지 못하는 것이 트라우마가 지닌 무서운 지속성이다.

인간 노태우의 가장 큰 트라우마는 아버지의 갑작스러운 죽음이었다. 노태우가 아직 6살도 되지 않은 어린 나이 때, 아버지는 버스를 타고 가다가 철도 건널목에서 열차와 충돌하는 사고로 세상을 떠났다. 지방 공무원이었던 아버지는 당시 구하기 어려웠던 자전거와 스케이트를 즐길 정도로 여유 있는 가장이었지만 20대 후반의 젊은 나이에 갑자기 교통사고로 죽는 바람에 집안은 순식간에 풍비박산 났다. 어린 노태우는 29살에 과부가 된 어머니가 소복을 입은 채 아버지의 관을 껴안고 한없이 통곡하던 모습을 평생 잊지 못한다고 회고했다. 그때부터 노태우는 슬플 때마다 남몰래 혼자 울면서 휘파람을 불고, 시를 읊는 버릇이 생겼다. 노태우는 그런 어머니를 홀로 남겨두고 대구 시내에 있는 친척 집에서 학교에 다녔다.

아버지의 죽음과 친척 집 더부살이는 훗날 노태우가 속마음을 숨기고 기회를 엿보는 내향적 성격을 심화시켰고, 대통령이 된 뒤에도 좌고우면함과 우유부단의 리더십으로 연결된 것으로 보인다.

노태우는 '정치적인 공포' 때문에 피눈물을 흘리던 때가 있었다. 1980년대 중반 5공화국의 전두환 정권하에서 민정당 대표이자 차기 대권 주자로 승승장구하던 때였다. 전두환 대통령이 노태우 대신 다른 후계자를 물색한다는 소문이 나돌았다. 육사 시절부터 30년이 넘는 친구이자 동지로 믿고 의지했던 전두환 대통령이 같은 군 출신 노태우를 제치고 학자 출신인 노재봉 총리를 후계자로 검토하고 있다는 정보가 들어온 것이다. 노태우로서는 청천벽력과도 같았다. "세상에 이럴 수가!" 공든 탑이 한꺼번에 무너질지 모르는 순간이었다. 소심한 노태우의 성격상 전두환에게 내놓고 불만을 토로하지도 못하고, 기껏 할 수 있었던 게 늦은 밤에 홀로 한강에서 흐느껴 우는 것이었다. 육군 대장 출신의 대권 주자가 강가에서 홀로 우는 모습을 떠올려보라. 노태우는 어릴 적에 아버지가 생각날 때마다 남몰래 울었듯이, 전두환 대통령이 원망스러울 때마다 남몰래 울었을 것이다. 밤마다 이불 속에서 이를 바득바득 갈고, 복수의 칼을 갈지 않았을까? 그래서 1987년 대통령에 당선되자마자 5공화국 청산 작업에 돌입한 건 아니었을까?

바다, 인민군 총살, 어머니의 피살, 23일 단식의 김영삼

검푸른 남해를 상상해보라. 김영삼 대통령이 추억처럼 깊이 간직하고 있는 트라우마는 '바닷속 죽음의 공포'였다. 10대 초등학교 시절, 김영삼은 고향인 거제도 외포리 앞바다에서 동네 아이들과 누가 더 오랫동안 물속에서 버티는지 시합을 하곤 했다. 10미터가 넘는 깊은 바닷속에서 자맥질하거나 해초를 붙들고 버티는 것이다. 경쟁심이 유달리 강했던 김영삼은 자기보다 나이도 많고 덩치도 큰 아이들을 이기려고 바닷속에서 너무 오랫동안 버티다가 물귀신이 될 뻔한 적이 여러 차례 있었다. 죽음을 무릅쓰고 필사적으로 시합했기 때문에 나중에는 동네 어른들이 말렸다. 목숨을 건 경쟁은 담력과 용기를 길러주었다.

20대 초반 대학 시절에는 6·25 전쟁 중에 죽음의 문턱을 넘나들었다. 1950년 9월 중순경 피난길에 경기도 광주 근처에서 밤중에 인민군 보초의 검문에 걸려 즉결 처형의 위기에 휘말렸다. 인민군은 다짜고짜 김영삼을 시체 곁으로 끌고 가더니 총부리를 겨누어 방아쇠를 당겼고, 총소리가 요란했다. "타탕탕!" 순간 김영삼은 재빨리 시쳇더미 위로 냅다 쓰러져 죽은 척했는데, 기적적으로 총알이 발바닥을 스치고 지나갔다. 그의 발바닥에 총탄이 스친 흉터가 남아 있었다고 한다. 한참 후에 그 속에서 빠져나와 땅바닥을 엉금엉금 기어서 벗어났다고 한다. 그때의 체험은 훗날 정치에 입문한 후에 반공주의와 안보 의식 강화에 영향을 준 것으로 보인다.

30대 때는 '어머니의 피살'을 통해 인생 최악의 트라우마를 겪었다. 부잣집의 인심 후한 맏며느리 스타일이었던 김영삼의 어머니는 멀리 바닷가에서 수영을 하는 아들을 위해 먹을거리를 가져다주고, 결혼 후에도 종종 거제도에서 서울까지 반찬거리를 가져다주곤 했다. 그런 어머니가 4·19 의거 직후 민주당 정권이 막 들어서고, 정치인 김영삼이 승승장구하던 무렵이던 1960년 5월 24일 밤 9시경, 북한의 사주를 받은 무장 공비 2명에 의해 목숨을 잃었다. 당시 거제도에는 공비들의 출몰이 잦았는데, 산에 숨어 있던 공비들이 밤중에 내려와 쌀과 패물들을 빼앗는 과정에서 총을 쏜 것이다. 훗날 김 대통령은 어머니의 피살에 대해 말했다. "나의 모든 것, 정치 자체까지 포기하고 싶은 절망에 빠졌다. 따지고 보면 남과 북의 분단이라는 비극적 현실이 나의 어머니를 죽음으로 몰아넣은 것이다!"

33살 때 어머니를 잃은 김영삼의 트라우마는 평생 어머니를 그리워하고, 북한에 대해 단호하고 보수적인 정책을 유지하는 데 많은 영향을 미쳤다. 20대의 인민군 체험과 30대의 무장 공비 체험은 김영삼이 안보 문제만큼은 확실한 보수 노선을 견지하게 만든 심리 요인이었다.

40대 때 아슬아슬하게 피한 죽음의 공격은 초산 테러였다. 1969년 6월 원내총무 시절 자택 앞에서 괴청년에게 초산 테러를 당했으나 극적으로 위기를 모면했다. 만약 초산 테러를 당했다면, 고통스럽고 처참한 죽음을 맞이했을 것이다. 50대 때 스스로 자초한 죽음의 공포는 23일간의 단식이었다. 5공 전두환 정권 초기에 야당 지도자였던 김영삼은 5·18 민주화운동 3주기를 맞아 민주화 조치 5개항을 요구하며 6월 9일까지 무려 23일 동안 단식 투쟁을 벌였다. 목숨을 건 23일간의 단식은 국민들에게 민주화 투지를 불태우고 전두환 정권에 경종을 울렸다. 이후 정치인들의 단식이 숱하게 많았지만, 23일 단식이라는 신기록은 깨지지 않고 있다.

여성 잔혹사 &
남성 잔혹사

첫 부인, 첫딸, 여동생의 죽음과 다섯 번의 죽을 고비,

고문, 연금, 망명을 겪은 김대중

역대 대통령 중에서 죽음의 공포를 가장 많이 겪은 사람은 단연 김대중 대통령이다. 익히 알려진 대로 그는 다섯 번의 죽을 고비를 넘겼다. 첫째, 6·25 전쟁 때 인민군에게 체포됐으나 극적으로 감옥을 탈출했다. 이는 훗날 김 대통령이 좌파 정치인으로 매도될 때마다 반박 논리로 내놓은 사건이다. 둘째, 박정희 정권 때인 1971년 5월 총선 유세 도중에 교통사고로 위장한 트럭과 충돌해 죽을 뻔했다. 이때의 사고로 평생 지팡이를 짚고 다니게 됐다. 셋째, 1973년 8월의 동경 납치 사건 때 호텔에서 토막 살인을 당할 뻔했다. 네 번

째, 동경 납치 사건 때 살인을 겨우 면했지만 다시 강제로 현해탄을 건너면서 바다에 수장(水葬)될 뻔했다. 한 사건에서 두 번 죽을 고비를 당한 것이다. 다섯 번째 죽음의 고비는 1980년 전두환 신군부가 내린 사형선고였다. 서슬 퍼런 신군부가 가장 강력한 반정부 인사인 김대중을 전격적으로 사형에 처할지 모르는 상황이었다.

사람이 한 번만 죽을 고비를 넘겨도 눈빛이 달라지는데 하물며 다섯 번의 고비를 넘겼다면, 이미 사람의 눈빛이 아닐 것이다. 나는 김대중 대통령과 단둘이 만날 때마다 그의 깊숙한 눈빛에서 백호(白虎)의 기운을 느끼곤 한다. 백호는 호랑이 중의 호랑이로 불린다. 역대 대통령 중에서 죽음의 공포를 가장 많이, 가장 심하게 겪은 사람은 단연 김대중 대통령이다. 보통 사람이라면 5차례의 죽을 고비는커녕 6년여 투옥과 가혹한 고문, 독방, 10차례의 가택연금, 2차례의 망명만 해도 견뎌내기 힘들었을 것이다. 이 과정에서 상상을 초월한 고통이 상상을 초월한 내공을 만들었다.

비록 빛바랜 1950년대 흑백사진이지만, 사진 속 여인은 누가 보더라도 미인이었다. 김 대통령이 평생 가슴에 묻고 살았던 첫째 부인(차용애)의 이야기다. 김대중은 목포상고를 졸업하고 해운 회사를 다니던 무렵인 1945년 4월, 20살이 되던 해에 목포상고 동기생의 여동생과 결혼했다. 한창 젊은 나이에 동네에서 제일가는 미인과 결혼을 했으니 남부러운 것이 없었다. 그러나 김대중이 세 차례나 연달아 선거에 떨어지고 재산을 몽땅 탕진한 상황에서 결혼 14년 만인 1959년에 부인 차용애는 세상을 떠났다. 직접적인 사망 원인은 약물 쇼크였다. 수면제를 너무 많이 복용한 결과, 병원에 가는 도중에 사망했다. 오랜 피로와 고난, 선거 패배에 따른 정신적 충격이 직접적인 사인이라고 한다. 자살이라는 소문도 있었다. 훗날 김대중은 자서전에서 이렇게 회고했다. "나의 정치 활동이 아내를 죽음으로 몰아넣은 것이다. 그 일을 생각하면 지금도 비통과 회한에 휩싸인다!" 김대중은 나중에 이희호 여사와 재혼한 후에도 오랫동안 첫째 부인의 제사를 지냈다고 한다.

김대중에게는 유난히 '여성 트라우마'가 많았다. 첫 번째 부인이었던 차용애 여사가 낳은 첫째 딸이 1살 때 죽고 말았다. 그 뒤 차용애 본인이 두 아들을 남겨놓고 세상을 떠났다. 김대중은 서울에서 함께 지내던 여동생을 유난히 챙겼다. 똑똑하고 예쁜 여동생은 이화여대 1학년을 다니던 도중에 병으로 갑자기 세상을 떠나고 말았다. 딸, 아내, 여동생이 차례로 세상을 떠난 것이다. 여기서 그치지 않았다. 김대중의 어머니는 아들이 성공하는 것을 보지 못하고 한 많은 생을 마감했다. 결국 김대통령이 가장 사랑했던 4명의 여성이 하늘나라로 갔다.

그래서일까? 김대중 대통령은 여성 정치인들을 각별하게 챙겼고, 여성 정책은 과거 어느 때보다 진전되었다. 최초로 여성부가 신설되고, 최초의 여성 총리 내정자가 등장했으며, 여성 정치인들이 곳곳에 중용되었다. 먼 옛날의 여성 트라우마가 훗날 여성의 사회 진출을 도운 것이다.

노무현의 자살, 맏형의 죽음

죽음의 공포보다 열 배, 백 배 더 무서운 것은 죽음 그 자체가 아니 겠는가? 그 어떤 죽음의 공포도 죽음 자체를 능가하지 못한다. 비운 의 대통령, 노무현의 죽음이 그랬다. 그는 2009년 5월 23일 아침, 고 향인 김해 봉화마을의 뒷산 부엉이바위에서 스스로 목숨을 끊음으 로써 국민들에게 집단 트라우마를 남겼다. 그 집단 트라우마는 대중 속에 강렬하게 남아 한국 정치에 다양한 영향을 미치고 있고, '노무 현 시대'에 이어 '문재인 시대'가 등장한 계기가 되었다.

어린이가 어른이 될 때는 보통 하나의 계기가 있다. 노무현에게는 아버지 같은 맏형 노영현의 갑작스러운 죽음이 그랬다. 젊은 나이에 겪었던 맏형의 죽음은 충격적인 트라우마였다. 공교롭게도 노무현 이 1973년 결혼식을 올린 지 불과 4개월 만에 형이 교통사고로 세상 을 떠났다. 짧은 순간에 최고의 행복과 최악의 불행이 동시에 몰려 온 것이다.

노무현에게 맏형의 존재는 각별했다. 의젓한 형은 철없던 노무현 의 멘토이자 집안의 기둥이었다. 마을에서 유일한 대학생(부산대 법 대)이었던 형은 사법 고시를 준비하면서도 집안의 가장 역할을 병행 하며, 말썽꾸러기 동생 노무현을 각별히 보살펴주었다. 노무현이 빗 나갈 때는 가차 없이 바로 잡아주었고, 실의에 젖어있을 때는 용기 를 북돋아준 든든한 버팀목이었다. 그런 형이 갑자기 교통사고로 죽자 노무현은 한동안 삶의 의욕을 상실했다. 노무현은 형이 못다 이룬 사법 고시의 꿈을 이루어 변호사가 되었으며, 마침내 대통령이 되어 형의 한(限)을 풀었다. 형에 대한 슬픈 트라우마가 동생으로 하여금 성공의 길로 달려가게 만든 촉진제가 되었다.

영양실조, 태국 현장, 누나와 남동생의 죽음

"이런 게 굶어죽는 거구나!" 초등학교 3학년이던 이명박은 죽음의 그림자를 처음 보았다. 집안이 워낙 가난해서 6~7세 때부터 성냥, 김밥, 과일, 뻥튀기 장사로 온갖 잡일을 도왔는데, 어느 날 갑자기 시들시들 아프더니 자리에 누워버렸다. 과로와 감기, 영양실조가 겹쳤던 것 같다. 돈이 없어서 병원에 가지 못하고 꼬박 4개월 동안 방에 누워 꼼짝도 못했다. 영양실조 탓인지 계속 앓다가 죽음 직전까지 갔는데, 겨우 회복이 되었다. 이명박은 안방 병석에서 일어나자마자 4시간을 터벅터벅 걸어 학교에 갔다. 가난은 자칫 죽음으로 연결될 수 있다는 것, 그리고 가난은 반드시 이겨내야 한다는 교훈을 온몸으로 느끼게 해준 '가난 트라우마'였다.

두 번째 죽을 고비는 해외에서 겪었다. 1966년 현대건설 신입 사원 시절, 태국의 한 공사 현장에서 근무할 때 한국에서 온 인부들이 폭동을 일으켰다. 대부분 국내에서 폭력배 출신이었던 15명가량의 폭도들은 술에 만취한 채 칼과 각목을 들고 사무실로 쳐들어와 혼자 있던 이명박에게 금고를 내놓으라고 협박했다. 폭도들은 칼을 책상 위로 내리꽂고 이명박의 얼굴을 칼로 그을 듯이 위협하는가 하면, 얼굴을 향해 단도를 집어던지기도 했다. '이러다 죽겠구나' 하는 죽음의 공포를 느꼈다고 한다. 하지만 그 순간에도 이명박은 눈을 감은 채 금고를 품에 껴안고 죽기 살기로 버텼다. 다행히 상황은 잘 마무리되었다. 이 사건은 국내에도 알려져 정주영 회장의 귀에 들어갔고 이후 두터운 신임을 얻게 되었다. 죽음의 고비를 잘 넘긴 덕분에 성공의 기회를 맞게 되었다.

빛나는 성공 신화는 엉뚱한 곳에서 찾아온다는 게 행운의 법칙이다. 이명박의 성공 신화 이면에는 누나와 남동생의 처절한 죽음이 있었다. 이명박은 막 초등학교에 입학하던 무렵에 6·25 전쟁이 터졌다. 전투가 치열하던 어느 여름날 아침, 피난지에서 이명박의 누나(이귀애)는 어린 막내 동생(이상필)을 등에 업고 앞마당에 나갔다가 때마침 상공을 지나가던 미군 전투기가 인민군에게 퍼붓던 폭격의 파편을 맞았다. 심한 화상을 입은 두 남매는 두 달을 버티다가 고통속에 숨졌다. 훗날 이명박은 자서전에서 이렇게 회상했다. "누이와 동생의 참혹한 모습, 어머니의 애처로운 모습이 지금도 진하게 남아 있다."

이는 이명박이 훗날 구소련과 중국 등 공산권 국가를 억척스럽게 개척하게 만든 심리적 요인이 되었다고 자서전에서 밝혔다. 공산권

> **한국 대통령이 겪은 최악의 트라우마**
>
> - **이승만** : 사형 공포/외아들의 죽음/양아들의 자살
> - **박정희** : 유기 불안/남로당 사건/셋째 형의 피살
> - **전두환** : 12 · 12 사형선고/3남매의 죽음/어머니의 생니
> - **노태우** : 열차 사고/아버지의 죽음/홀어머니의 눈물
> - **김영삼** : 바다 공포/6 · 25 총살 위험/어머니의 피살
> - **김대중** : 첫 부인, 딸, 여동생의 죽음/5번의 죽을 고비
> - **노무현** : 자살/공사장 사고/형의 죽음
> - **이명박** : 영양실조/해외 폭동/누나와 남동생의 죽음
> - **박근혜** : 부모의 피살/면도칼 테러/탄핵, 파면
> - **문재인** : 아버지의 좌절/노무현의 죽음

국가로 진출할 때마다 6 · 25 때 죽은 누나와 남동생을 생각하면서 '공산당을 쳐부수는 심정'으로 일했다고 한다. 형제 관계의 트라우마가 훗날 경제적 성공으로 가는 발판을 만들어준 셈이다. 한국 대통령들이 성장 과정에서 겪었던 기막힌 희노애락은 나의 대표 저서인 《대통령 리더십 총론》(2007)에서 상세히 다루었다.

한국인의 집단 트라우마

우리를 슬프게 하는 집단 트라우마 세 가지

만약 조선 시대에도 텔레비전이 있어서 당시 16세기에 일어난 임진왜란을 생중계했다면? 아마 430여 년이 지난 지금도 불면증과 신경쇠약증에 시달리는 국민들이 적지 않을 것이다. 재방송을 통해 후손들은 당시의 참상을 생생하게 느낄 수 있기 때문이다. 한일 위안부 문제에도 그런 심리적 측면이 있다. 국민 개개인이 살아생전에 겪는 개인적 트라우마보다 훨씬 더 심각한 것은 다수 국민들이 대대로 겪는 '집단 트라우마(Collective Trauma)'이다. 많은 사람들이 한꺼번에 충격적인 상황을 맞이하고 그것을 평생 잊지 못한다면 얼마나 불행한 일인가? 대한민국의 행복 지수가 유난히 낮은 것도 집단 트라우마 때문이 아닐까? 미국 하면 남북전쟁이 떠오르고, 일본 하면 봉건영주들 간의 싸움이 떠오르지만, 대한민국 하면 숱한 침략 전쟁들이 떠오른다. '병자호란의 집단 트라우마', '임진왜란의 집단 트라우마', '동학혁명의 트라우마', '일제 식민 지배 36년의 집단 트라우마', '6·25 한국전쟁의 집단 트라우마', '제주 4·3 사건의 집단 트라우마', '5·18 광주민주화운동의 집단 트라우마'가 있었다.

최근 30년 동안 우리 국민들의 뇌리에 가장 깊이 박혀 있는 집단 트라우마는 무엇일까? 세 가지만 꼽는다면. 첫째 '노무현 집단 트라우마'다. 우선 죽음 자체가 지극히 비극적이다. 2009년 5월 아침, 노무현 대통령이 자살로 생을 마감했다. 이후 장례식을 포함하여 모든 장면이 생중계되면서 국민들의 뇌리에 집단 트라우마가 생겼다.

둘째는 '세월호 집단 트라우마'다. 2014년 5월 300명이 넘는 어린 생명들이 서서히 바다 밑으로 가라앉는 모습을 TV를 통해 속수무책으로 지켜볼 수밖에 없는 국민들의 마음속에는 미안함, 죄책감, 무력감이 쌓였을 것이다.

셋째는 '박근혜 집단 트라우마'다. 최순실의 국정 농단 전모를 생생하게 지켜보았던 국민들의 마음속에는 허탈감과 분노가 치밀어 올랐을 것이다.

이 세 개의 집단 트라우마는 마침내 '촛불 혁명'과 '대통령 탄핵' 같은 극적인 방식으로 분출되어 대한민국 정치사를 바꾸어놓았다. 흔히 집단 트라우마는 슬픔 → 분노 → 폭발의 3단계로 나타난다.

집단 트라우마를 극복하는 법

세계에서 가장 혹독한 트라우마를 겪은 나라는 아마 베트남일 것이다. 100년 넘게 프랑스와 일본에 이어 미국의 지배를 받으면서 참혹한 전쟁이 그치지 않았다. 만약 우리가 100년 넘게 전쟁을 치렀다면 어땠을까? 베트남은 불과 40여 년 전에 미군과 한군국에 맞서 치열하게 전투를 벌였던 나라다. 비록 공산 베트남이 승리하긴 했지만, 수백만 명의 사상자가 발생하고 후유증은 이루 말할 수 없었다. 베트남의 미래는 칠흙처럼 어두워 보였고, 베트남 국민들의 집단 트라우마는 영원히 지워지지 않을 것 같았다.

그런데 아니었다. 베트남은 적개심과 복수심을 과감히 버리고 1980년대부터 '도이모이'라는 개혁 개방 정책을 추진해 눈부신 발전을 거듭하고 있다. 최근에는 '남방의 별'로 떠오르며 매년 6% 이상의 높은 경제성장률을 보인다. 한국이 지난 30년간 가장 투자를 많이 한 나라가 됐고, 조만간 중국에 이어 2위 수출 시장이 될 전망이다. 베트남 축구는 한국의 박항서 감독을 영입해 단숨에 동남아의 최강자로 떠올랐다. 그들은 과거의 '집단 트라우마'의 늪으로부터 빠른 속도로 빠져나왔다.

우리나라에 트라우마를 전문적으로 연구하는 '국가 트라우마 센터'가 있다는 사실을 아는가? 서울 광진구에 위치하여 2018년 4월

5일에 개소식을 가졌다. 25명의 전문 인력이 재난 피해자의 심리 치료와 트라우마 전문가 양성에 주력하고 있다. 광주와 제주에도 생긴다.

하지만 그것으로 부족하다. 집단 트라우마는 워낙 광범위해서 단기간에 치유하기가 어렵다. 무엇보다 집단 트라우마는 국민들의 집단 내공을 강화시킨다. 국민들이 웬만한 사건과 사고에 꿈쩍도 하지 않고 갈수록 억세고 거칠어진다는 뜻이다. 한마디로 '무서운 국민'이 되어 언제 폭발할지 모른다.

집단 트라우마를 치유하는 최고의 방법은 대통령이 국민들에게 '즐거움'을 주는 것이다. 경제가 나아지고 정치가 좋아지면 집단 트라우마는 봄눈 녹듯 녹는다. 2002년 월드컵 4강 진출이나 2019년 U-20 월드컵 준우승 같은 국가적 낭보도 국민들의 마음을 후련하게 해준다.

내공 있는 권력자가
승리한다

모든 지도자의 조건 1호는 내공

대한민국 땅에서 대통령이 되고자 한다면, 반드시 갖추어야 할 조건 하나가 있다. 바로 내공이다. 내공이 없으면 바벨탑처럼 도중에 무너진다. 고건, 조순, 이홍구, 정운찬, 반기문 등 총리나 관료 출신 대권 주자들이 화려한 경력에도 불구하고 도중에 포기한 것은 내공 부족 때문이다. 반기문 전 유엔 사무총장이 본선에 나서기도 전에 두 손을 든 것은 전적으로 내공 부족 때문이었다. 그의 일거수일투족이 십자 포화를 당하자 견뎌내지 못한 것이다. 엘리트 관료로서 평탄한 길을 걸어온 후보에게 하늘에서 융단폭격이 쏟아지니 어떻게 견뎌내겠는가? 도대체 내공의 실체는 무엇인가? 국어사전을 찾아보면, 내공(內工)이란 "훈련과 경험을 통해 안으로 쌓인 실력과 그 기운"이라고 한다. 훈련과 경험! 가장 힘든 고난도의 훈련과 경험이 트라우마 아닌가? 트라우마는 내공의 다른 이름이다. 트라우마가 많으면 내공이 강하고, 트라우마가 적으면 내공도 약하다. 내공은 하루아침에 만들어지지 않는다. 흔히 정치권에서는 내공을 정치력, 권력의지, 배짱, 강심장, 깡다구라고 부르기도 한다. 이 모든 것을 합한 것이 내공이다.

차기 대권 주자들의 트라우마

대한민국 권력투쟁사(史)를 보면, 내공이 강한 대선 후보들이 늘 승리했다. 김대중은 이회창보다 강했고, 노무현은 이회창보다 강했다. 또 이명박은 정동영보다 강했고, 박근혜는 문재인보다 강했다. 2007년 12월 대선 당시 박근혜의 내공은 타의 추종을 불허했다. 1차 도전에서 패배했던 문재인은 2차 도전에서 내공을 더욱 탄탄하게 다져서 홍준표를 이겼다. 당시 문재인은 내공뿐만 아니라 명분과 시대정신 면에서도 크게 우위였다.

대통령 선거에 출마하고 나면, 내공이 강화된다. 우리나라 대선처럼 험악한 전쟁터가 어디 있겠는가? 그런 점에서 2007년 대선 본선에 출마했던 안철수, 유승민, 심상정의 내공은 일취월장했을 것이다. 중요한 선거들을 여러 차례 진두지휘했던 안철수 전 대표의 내공이 그동안 얼마나 강화되었는지 궁금하다. 단골 대선주자였던 손학규 바른미래당 대표와 17대 대선 때 집권 여당 대선 후보였던 정동영 민주평화당 대표가 여전히 당 대표를 맡고 있는 것을 보면, 보통 내공이 아니다. 정세균 전 국회의장은 대기업 임원 출신으로 6선 의원과 장관, 당 대표, 국회의장을 두루 지낸 경륜과 조용한 내공을 겸비한 정치인이다. 한때 '무성대장'이라고 불리며 박근혜 대통령에 맞섰던 김무성 의원의 내공도 만만치 않다.

박주선 바른미래당 의원은 4번의 구속과 4번의 무죄라는 특이한 경력을 거치며 내공을 쌓았다. 과거 진보적인 시민 단체 활동으로 야전 경험이 많은 박원순 서울시장은 '최초의 3선 시장'을 이룩하며 한층 탄탄해졌다. 일찍이 초등학교 때부터 공장에서 막일을 하며 산전수전을 겪은 이재명 경기도지사의 내공도 눈에 띈다. 2018년 6월 지방선거 이후 송사(訟事)를 겪으면서 더욱 단단해졌을 것이다. 유시민 이사장은 1980년 5월, 서울역 앞 회군 사건과 1983년 서울대 프락치 사건이 강한 기억으로 남아 있을 것이다.

차기 주자들의 트라우마를 분석하는 일은 보통 대선 1년 전에 각 당의 후보 윤곽이 구체적으로 드러날 때가 적당하다고 본다. 여기서는 간략히 훑어보자. 이낙연 총리는 술을 좋아하는 한량 아버지 때문에 이루 말할 수 없이 고생한 어머니 트라우마가 있고, 1970년대 서울대에 다닐 때는 4년 내내 하숙비가 없어서 친구와 친척 집을 전전했던 아픈 기억이 남아 있다. 황교안 대표는 힘겹게 고물상으로 생계를 유지하던 아버지와 40대 중반에 자신을 낳아준 어머니에 대한 애틋한 기억이 있다. 나경원 자유한국당 원내대표는 화려한 스펙과 당당함으로 남부러울 것이 없어 보이지만 자폐아 딸을 키우는 아픔이 있다.

지난 2017년 5월 대선을 앞두고 김태영 심리학자는 트라우마의 관점에서 대선 후보들을 분석했다. 그는 문재인을 '진심으로 싸움을 싫어하는 사람'인 동시에 '국민 지지가 없으면 정치를 할 이유가 없는 사람', '양심적인 선비형'이라고 정의했다. 안철수를 '이기는 싸움만 하려는 모범생'이라고 표현했는가 하면, 유승민을 '진짜 반항아에 가까운 사람'으로, 이재명을 '자신이 행복해지기 위해 싸우는 사람'이라고 묘사했다.

2017년 대선 이후 3년이 돼가는 시점에서 볼 때 문재인은 '착하고 정의로운 싸움을 한다고 확신하는 사람'이고 황교안은 '모범생처럼 싸우는 사람'이다. 이낙연은 '싸움을 피하려는 사람', 홍준표는 '화끈하게 싸우는 사람', '안철수는 '아름답게 싸우고 싶은 사람'이고 유시민은 '싸움을 즐기는 사람'이라고 표현해본다. 대선이 본격화되면 이들이 어떤 방식으로 내공의 진면목을 보여줄지 지켜보자.

당신은 내공이 있는가?

"당신이 심한 열등감을 느낀다면, 그때부터 진짜 인간이 되어간다는 증거다!" 심리학자 아들러(Alfred W. Adler)의 말이다. 아들러는 트라우마를 인식하는 것 자체가 중요하다고 말한다.

우리 마음속 '검은 그림자'같은 트라우마를 치유하는 1단계 방법은 우리 스스로 트라우마를 인식하는 것이다. 당신에게 어떤 트라우마가 있다는 사실을 깨닫는 순간 절반의 치유는 끝난다. 신경정신과 의사나 심리상담사들이 가장 중요시하는 게 상담자로 하여금 자신의 트라우마를 마음껏 털어놓게 만드는 일이다. 한걸음 더 나아가 자신의 트라우마를 다른 사람들에게 내놓고 얘기하면 치유 속도는 더 빨라진다. 성공한 CEO와 부자, 성공한 권력자들을 보라. 그들은 자신의 트라우마를 오히려 자랑 삼아 밖으로 드러내지 않던가?

트라우마의 2단계 치유법은 트라우마를 긍정적인 바라보는 시각이다. 아들러는 트라우마나 콤플렉스 같은 심리적 고통을 긍정적인 관점으로 보았다. 당신은 남몰래 가슴속 깊이 간직하고 있는 아픔이나 열등감을 절대 부끄럽거나 창피하게 생각하지 말고, 미래 발전을 위한 자극제라고 생각하라! 유행가 가사처럼 아픈 만큼 성숙해진다.

아들러가 전해주는 3단계 치유법은 '따뜻한 공동체 감정'이다. 혼자 고민하고 혼자 해결하려고 애쓰지 말고 여러 사람과 어울리면서 해답을 찾으라고 한다. 특히 남을 도와주는 헌신적 감정은 매우 중요한 트라우마 치유법이다. 자, 트라우마의 3단계 치유법을 꼭 기억하기 바란다. 트라우마 인정하기 → 트라우마 긍정적으로 바라보기 → 트라우마 나누기! 트라우마 치유 과정은 곧 내공 축적 과정이다.

President's
psychology

3장

유머가 있으면 능력 있는 권력자다

펀(fun), 펀(fun)한 CEO가
이긴다

하버드대 졸업생들의 성공 조건

미국 하버드대 연구진이 60여 년에 걸쳐 성공한 졸업생들을 조사해보았더니, 세 가지 공통점이 있었다. 첫째는 배려심, 둘째는 판단력, 셋째는 유머다. 이 중에서 유머가 중요한 성공 조건이라는 대목이 눈길을 끈다. 세계적인 명문 대학을 졸업했더라도 유머 능력이 없으면 사회에서 출세하기 어렵다는 것이다. 결국 '웃기는 사람이 성공한다!'

대한민국은 어떨까? 만약 서울대가 60여 년에 걸쳐 성공한 서울대 졸업생들을 조사해본다면, 그들의 성공 조건도 배려심, 판단력, 유머일까? 서울대만 나오면 아무리 메마른 사람이어도 성공했을까?

우리 학생들의 유머 감각은 어느 정도일까? 만약 하버드생과 한국 서울대생들의 유머 지수를 비교한다면 어떤 결과가 나올까? 우리나라 20~30대의 유머 지수는 얼마나 될까?

이런 유머의 원리를 가장 절실하게 받아들여야 할 사람은 기업 CEO들이다. 힘든 시기에 기업이나 회사를 잘 경영하려면 첫째도 둘째도 '유머 경영'이 필요하다. 유머 경영은 곧 즐거운 '펀 경영'이고 밝은 '긍정 리더십'이며 감동을 주는 '감성 경영'이다. 힘들수록 CEO가 잘 웃고 직원들이 잘 웃어야 조직이 살아 움직인다. CEO의 유머 경영은 일시적으로 웃고 웃기는 것이 아니라 지속적이고 체계적으로 실천해나가야 한다. 뻔(fun) 뻔(fun)한 CEO가 되기를 바란다.

한국 영화 〈기생충〉이 2019년도 프랑스 칸영화제에서 황금종려상을 받은 이유는 무엇일까? 나는 한마디로 '재미' 때문이라고 생각한다. 만약 이 영화가 진지하고 심오했다면 최고의 상을 받을 수 있었을까? 얼마 전 국내 영화계를 강타한 〈보헤미안 랩소디〉도 마찬가지다. 과거에는 〈바람과 함께 사라지다〉, 〈닥터 지바고〉처럼 무겁고 웅장한 영화들이 인기였지만 요즘에는 가볍고 재밌는 영화들이 인기다.

최근 중국의 전자 상거래 업체인 '알리바바'는 자국 내 150개 매장에서 특이한 알바생 모집 광고를 냈다. 게나 새우를 먹고는 싶지만 껍질을 까기가 싫어서 오지 않는 고객들을 위해 '껍질 대신 까주는 직원'을 모집했다. 10초에 한 마리의 껍질을 까는 능력이 있어여하는데. 4시간에 한화로 2~3만 원을 벌 수 있다. 당연히 알바 지망생들이 몰려들었다. 중국에는 1시간에 1만 5,000원을 받고 개를 산책시키는 알바도 있고, 17만 원을 받고 옷장을 대신 정리하는 알바도 있다. 이런 알바를 이른바 '게으름뱅이 경제'라고 한다. 요즘은 정치도 경제도 방송도 웃기지 않으면 끝장이다. '펀 경영', '펀 마케팅', '펀 행정'까지 있는데 '펀 정치'만 없다.

코미디언 대통령 시대가 온다

"국회에는 코미디언들이 너무 많아. 나 더 이상 못해 먹겠어!" '코미디 황제'로 불리던 이주일 씨가 나에게 했던 말이다. 1990년대 중반 14대 국회의원이던 이주일 씨를 국회의원 회관에서 가끔 만나 대화를 나누었던 기억이 난다. 만약 그가 지금 최고 인기를 누리는 코미디언이라면, 대권 주자로 나설 수도 있지 않았을까? 요즘 코미디언 출신 대통령이 부상하고 있기 때문이다.

2019년 4월 우크라이나 대선에서는 정치 풍자 드라마에서 대통령 역을 맡아 큰 인기를 끌었던 41살의 블로디미르 젤렌스키가 대통령에 당선되었다. 정치 경험이 전무한 그는 전·현직 대통령들을 물리치고 73% 득표율로 압승을 거두었다. 그는 대선 과정에서 시종일관 '웃기는 실력'으로 유권자들의 지지를 얻었다. 2018년 슬로바키아에서는 성대모사 정치 풍자로 유명한 코미디언이 최연소 총리에 당선되었다. 러시아의 유명 코미디언 겸 정치인으로 야당인 자유민주당 대표인 블라디미르 지리노프스키는 2018년 대선에 출마해 푸틴과 그루지닌에 이어 3위를 기록했다. 그는 스탈린, 흐루시초프 같은 자국의 권력자들을 향해 거침없이 욕설을 퍼부어 인기를 얻었다. 2015년에는 남미 과테말라 대선에서 정치 경험이 없는 코미디언 지미 모랄레스가 대통령에 당선되어 파란을 일으켰다. 일본에서도 보수적인 미야자키 현에서 코미디언이 지사에 당선되었다.

우리나라에서는 허경영 씨가 2007년 대선에 출마해 코미디언을 능가하는 독특한 언행으로 주목을 끌었는데, 그는 2019년 유튜브에서 인기를 끌고 있다.

필리핀의 로드리고 두테르테 대통령은 코미디언을 능가하는 특이한 언행과 정책으로 세계의 시선을 끌었다. '마약과의 전쟁'을 선포한 이후 기상천외한 방식으로 마약범들을 소탕하고 있다. 두테르테 대통령은 '가족 정치'를 하고 있는데, 2019년 5월에 실시된 지방선거에서 큰딸은 디바오시의 3선 시장으로, 장남은 하원 의원으로, 차남은 다바오시의 부시장으로 당선되었다. 두테르테 대통령은 차기 대권 주자로 거론되는 딸 세라를 향해 "세라는 장군, 나는 일병일 뿐"이라고 말해 국내외에서 '웃음'을 사고 있다.

세계적으로 코미디 정치인이 주목받는 이유는 무엇일까? 무엇보다 기성 정치권에 대한 극도의 거부감이고, 다른 하나는 이제 정치도 재밌고 웃겨야 한다고 생각하는 것 같다. 한국 정치에도 '눈물'보다 '웃음'이 더 필요한 시대가 왔다.

대한민국을 움직이는 웃긴 사람들

한때 인기 정상을 달리던 〈개그콘서트〉가 어느 날 갑자기 하향세인 이유는 뭐라고 생각하는가? 권력의 복판에서 개그콘서트보다 몇 배 '웃기는 일들'이 숱하게 벌어지기 때문이다. 요즘에는 트럼프 대통령과 김정은 위원장 같은 권력자들이 '드라마틱한 웃음'을 제공하고 있다.

지금 대한민국을 움직이는 사람들은 누구인가? 바로 '틀면 나오는 사람들'이다. 방송을 종횡무진으로 누비는 그들은 한결같이 '웃긴 사람들'이다. 신동엽, 강호동, 이영자, 박나래, 서장훈, 전현무, 김성주까지 개그맨은 물론 가수, 탤런트, 아나운서, 운동선수 할 것 없이 너도나도 웃기기 경쟁에 나섰다. 1960년대부터 활동해온 가수 남진이 50년 넘게 인기를 누리고 있는 이유를 하나만 꼽는다면, '웃음'이라고 본다. 그는 누구에게나 밝은 표정으로 전라도 사투리를 써가며 유머 감각을 발휘한다.

웃기는 능력에는 선천적인 능력과 후천적인 능력이 있다. 태어날 때부터 잘 웃기는 사람이 있는가 하면, 열심히 노력해서 웃기는 사람들이 있다. 심리학적으로 부유한 환경에서 자란 사람은 '여유로운 유머'를 잘 구사하고, 가난한 환경에서 자란 사람은 '번뜩이는 재치'를 잘 구사한다. 언젠가 나는 방송인 이영자와 제주도행 비행기를 함께 타고 간 적이 있었다. 그때 웃기는 비결을 물었더니, 어린 시절 장터 바닥에 떨어진 음식을 주워 먹던 이야기를 해주었다. 고통이 웃는 법을 가르쳐주었다는 것이다. 원래 고통과 유머는 같은 뿌리다. 즐거운 열정을 뜻하는 'passion(패션)'은 고통을 뜻하는 고대 라틴어 'passus(파수스)'에서 유래되었다. 당신은 고통스러운가? 그렇다면, 이제 웃을 준비가 된 것이다. 100세 철학자로 유명한 김형석 교수는 말했다. "요즘처럼 힘들고 고통스러운 시대에는 유머가 오락 게임 못지않은 값진 삶의 활력소가 될 것입니다!"

우리나라 대통령들은 유머 감각이 있는가? 유머가 가장 많은 대통령은 누구일까? 내가 30여 년간 대통령 리더십을 연구해오면서 우리 대통령들에게 가장 취약하다고 생각한 것은 '유머'였다. 대통령들이 하도 유머가 없다 보니 말년에는 조롱거리가 되기 일쑤다. 오죽하면 '대통령과 남편의 공통점'이라는 우스갯소리가 나돌까? '내 손으로 뽑았지만 소름 끼치게 싫다', '항상 내 뒤통수를 친다', '굳게 맹세해놓고 약속을 잘 안 지킨다', '아직도 내가 자기를 좋아하는 줄 안다', '안에서 싸우고 밖에서 착한 척한다' 등등.

우리 정치인들에게 찾아보기 힘든 것도 유머다. 여의도 정치권에서 하루가 멀다고 '막돼먹은 말들'이 쏟아져 나오고 있지만, 멋진 유머는 들어볼 수 없다. 부럽게도 세계적인 지도자들의 유머는 넘쳤다. 이제 세계에서 '가장 웃기는 지도자' 4명의 유머 스타일을 비교해보고자 한다. 이들의 성격과 유머 사이에 어떤 연관성이 있는지 살펴보자.

트럼프, 링컨, 레이건, 처칠
4인의 개그콘서트

트럼프의 막장 유머

유머 감각이 가장 풍부한 위인을 3명만 꼽는다면, 미국의 링컨 대통령과 레이건 대통령, 그리고 영국의 처칠 수상이다. 자타가 공인하는 '유머왕'인 이들의 어록은 책과 언론, 인터넷을 통해 세계적으로 널리 전파되었다. 사실 이들의 유머가 배꼽을 잡을 만큼 웃기는 건 아니다. 싱거운 유머도 있다. 그럼에도 불구하고 세 사람이 유머왕으로 꼽히는 이유는 전쟁이나 죽음과 같은 위기 국면에서 유머를 잃지 않았고, 고난에 처한 국민들에게 웃음을 선사했기 때문이다. 그런데 어느 날 갑자기 세계의 유머사(史)에 혜성처럼 등장한 권력자가 있으니, 그 이름도 유명한 트럼프다.

미국의 45대 대통령 도널드 트럼프는 링컨, 레이건, 처칠 세 사람과 유머 방식에서 큰 차이가 있다. 세 명의 위인들은 남을 웃기지만, 트럼프는 자신을 웃긴다. 한마디로 트럼프는 '웃음덩어리'이자 '웃음거리'다. 언제든지 신문과 방송을 훑어보라. 취임 이후 지금까지 하루가 멀다 하고 웃음거리를 제공하고 있다. 트럼프 대통령은 북한의 김정은을 향해 '미치광이'라고 했다가 상황이 호전되자 "나는 김정은과 사랑에 빠졌다"고 말했다. 극과 극을 오가는 트럼프의 언행은 우습기도 하고 종잡을 수 없다.

트럼프 대통령은 외국 정상과 악수를 할 때 힘을 꽉 주며 밀고 당기는 '밀당 악수'로 웃음을 선사했다. "이번에는 또 누구와 어떤 악수 경쟁을 벌일까?" 2019년 5월 트럼프 대통령은 백악관에서 낸시 펠로시(Nancy Pelosi) 하원 의장 등 야당인 민주당 지도부 인사들을 만났는데, 3분 만에 나가버렸다. 펠로시 일행이 회담 전에 기자들에게 러시아 게이트 운운했다는 것이다. 화가 난 펠로시 일행은 소속 의원들에게 "트럼프가 분노와 발작을 일으켰다"고 말했다. 만약 우리나라에서 대통령을 향해 "분노, 발작"이라는 말을 언급했다면?

2019년 5월 16일(현지 시각)에는 미국 루이지애나주의 부주지사가 트럼프의 얼굴이 그려진 양말을 신고 있다가 트럼프를 만나자 바지를 걷어 보여주었다. 트럼프 대통령이 그 양말을 손가락으로 가리키며 싱글벙글 좋아하는 사진이 큼지막하게 보도되었다. 트럼프 대통령이 2019년 6월 초 영국 왕실을 국빈 방문하면서 아들, 딸, 사위,

며느리까지 데려간 것도 웃음거리였다. 미국과 영국의 언론들은 일제히 "가족 행사인 줄 아는가?", "자기들이 왕자고 공주인 줄 착각한다"라고 비판했지만, 트럼프 대통령은 아랑곳하지 않았다. 2019년 6월 일본에서 열린 G-20 정상회의장에서는 트럼프의 맏딸 이방카 백악관 선임 보좌관이 종횡무진 누비고 다녀 스포트라이트를 받았다. 이래저래 트럼프 대통령은 '웃음거리'로 비난을 받기도 하지만, 언제 어디서나 '웃음덩어리'로 세계인의 주목을 받고 있다.

트럼프가 '웃기는 권력자'라면, 아베, 시진핑, 푸틴은 '웃기지 않는 권력자'들이다. 이들 세 사람이 활짝 웃으며 유머를 주고받는 장면을 보기 어렵다. 이들은 모두 내성적이고 말수가 적으며 유머가 적을 뿐만 아니라 권위적이다. 일본 아베 수상은 군인 집안이었고, 중국 시진핑 주석은 '시황제'라는 별명을 얻었을 정도로 막강한 권력을 장악하고 있으며, 러시아 푸틴 대통령은 1998년 총리가 된 이후 21째째 장기 집권하고 있다. 만약 이들에게 유머 감각이 조금 더 있었다면, 국제 관계도 더 부드러워졌을 것이다.

링컨의 고난 유머

삶이 고통스러운가? 사업이 잘 풀리지 않는가? 억지로 웃어보기 바란다. 미국의 16대 대통령 링컨은 원래 유머 감각이 풍부한 사람은 아니었다. 선천적으로 유머 감각이 발달한 것도 아니고, 활발하고 자유분방한 외향형도 아니었다. 링컨은 오히려 조용한 내향형에 가깝고, 독실한 기독교인 어머니로부터 절제된 성경 교육을 받고 자랐다. 10살 어린 나이에 친어머니를 잃고 양어머니 밑에서 자랐으며, 가난했고 친구도 별로 없었다. 외모도 변변치 않았고 외로움에 둘러싸였다.

이런 어려운 환경을 이겨내기 위해서 링컨은 웃지 않을 수 없었다. 링컨은 최악의 상황에서도 웃음을 잃지 않았던 비결에 대해 이렇게 말했다. "나는 울면 안 되기 때문에 웃었습니다!" 너무나 힘든 고통을 이겨내기 위해서 억지로 웃고 또 웃었다는 것이다. 이름하여 '고난의 유머'라고 할까?

유명한 《이솝 우화》에 대해 알고 있을 것이다. 링컨이 어릴 적에 성경 다음으로 좋아했던 책이었다. 그는 이 책을 반복해서 읽고 재미있는 스토리로 만들어 친구들에게 들려주었다. 10대 때 어머니가 세상을 떠났고, 20대에는 사업 실패, 낙선, 창업 실패, 애인의 죽음, 정신과 치료를 받으며 최악의 청소년기를 보냈다. 30대에는 국회의원 세 번 낙선, 40대에는 상원의원 두 번 낙선, 부통령 후보 낙선의 아픔을 겪었다. 태어나서 40대까지 줄곧 고난과 실패의 연속이었다. 마침내 52세에 미국 대통령에 당선되었다. 승리의 감격도 잠깐, 백악관에 입성하자마자 남북전쟁이 시작되었고, 아들들이 잇따라 세상을 떠났다. 고난이 멈추지 않았다.

《링컨의 우울증》의 저자인 조슈아 울프 솅크에 의하면, 링컨은 20

대 초반부터 우울증 초기 증세인 내면적 불안증을 겪기 시작했는데도 유머를 잃지 않았다. 링컨은 그런 '고난의 유머'를 구사했기 때문에, 사람들에게 감동을 주었다. 우리나라에서는 김대중 대통령의 유머를 연상케 한다. 그도 숱한 죽음의 고비를 넘기면서 웃음을 잃지 않으려고 노력했다. 고난 속에서 익힌 유머는 울림을 준다.

레이건의 연출 유머

미국의 사우스웨스트 항공사는 '펀(fun) 경영'으로 유명하다. CEO가 회의장에 갑자기 오토바이를 타고 나타나거나, 하늘을 나는 비행기 안에서 보물찾기를 하기도 한다. 덕분에 10년 넘게 미국에서 '가장 일하고 싶은 직장' 1순위로 꼽힌다. 우리나라 CEO들은 '펀 경영'은 아니더라도 '스마일 경영' 정도는 적극적으로 도입했으면 좋겠다. 개인적으로 나는 우리 CEO들에게 '레이건의 유머'를 벤치마킹하기를 권한다.

나는 미 해군의 핵추진 항공모함인 '로널드 레이건호'가 가끔 한반도 근해에 온다는 보도를 접할 때마다 레이건 대통령이 생각나곤 한다. 레이건은 힘의 정치를 추구하면서도 평화의 정치를 병행했다. 미국 레이건 대통령의 유머에는 영화배우 출신답게 연출이 뛰어났다. 오랜 영화배우 경험이 연출된 유머를 통해 자유자재로 발휘되어 자국민뿐만 아니라 세계인에게 자주 웃음을 선사했다.

1986년 3월 백악관 기자회견에서 레이건 대통령은 기자들로부터 대답하기 곤란한 문제를 집요하게 추궁당하자, 보좌관에게 귓속말로 욕했다. 아뿔사, 이 말이 기자들의 귀에 들어가고 말았다. 성난 기자들이 '백악관의 지하실에 있는 기자실'이라는 뜻으로 "SOB(지하실의 아이들, Sons of the Basement)"라고 적힌 티셔츠를 입고 무언의 시위를 벌였다. 알다시피 SOB는 미국에서 자주 쓰는 욕설의 약자다. 백악관 출입 기자들이 우회적으로 레이건에게 욕설을 퍼부은 셈이다. 만약 우리나라 청와대 출입 기자들이 대통령에게 욕설을 퍼붓는 의미가 들어 있는 티셔츠를 입었다면? 정말 온 나라가 발칵 뒤집혔을 것이다.

레이건 대통령은 며칠 후 다시 기자들을 만났는데, 그 역시 SOB라고 쓰인 노란색 티셔츠를 입고 나타났다. "잉?" 기자들은 당황했다. 레이건의 티셔츠 등 뒤에 쓰인 글을 본 기자들은 폭소를 터뜨리지 않을 수 없었다. "Save Our Budget(우리 예산을 아낍시다)!"

레이건은 종종 서부영화의 주인공으로 유명한 존 웨인을 거론하면서 자신감 넘치고 익살스러운 유머를 구사했다. 전문가들은 그의 유머 감각은 마치 서부영화 속의 쌍권총에서 발사된 총알이 백발백중이듯 어디서나 좌중을 끌어당기는 매력을 지니고 있다고 높이 평가했다. 아시다시피 레이건의 유머가 세계적으로 유명세를 탄 것은 1981년 암살 국면에서 나온 유머였다. 당시 레이건은 정신이상자의 총에 맞아 병원에 실려가면서 "예전처럼 영화배우였다면 잘 피할 수 있었을 텐데…"라고 농담을 했다. 수술실에 들어온 의사들에게는

"당신들이 전부 공화당원이었으면 좋겠다"라고 말해 분위기를 누그러뜨렸다.

최악의 위기 국면에서 여유를 잃지 않았던 레이건의 유머 몇 마디는 그의 지지율을 83%까지 끌어올렸다. 다음 해 지지율이 30%까지 떨어져서 걱정하는 참모진에게 레이건은 웃으며 말했다. "또 한 번 총 맞으면 되지, 뭘!" 죽음의 문턱에서조차 국민들을 위해 연출력과 이미지 메이킹 능력을 한껏 보여준 레이건은 진정한 프로 유머리스트이자 멋진 대통령이라는 찬사를 받았다. 가히 '연출 유머'의 달인이다. 레이건 유머는 직업을 통해서 터득하게 된 연출 유머라고 할 수 있다. 우리나라에서는 노무현 대통령이 영화배우 못지않은 연출 감각과 유머로 좌중을 사로잡았다.

처칠의 훈련 유머

화장실에 들어가면 문을 걸어 잠그고 함흥차사인 사람들이 있다. 처칠이 그랬다. 화장실에 들어가면, 감감무소식이었다. 알고 보니 변기통에 앉아서 스피치 연습을 했다. 처칠은 화장실이나 승용차 안, 다락방처럼 밀폐된 공간을 연습 장소로 애용했다. 영국 수상으로 제2차 세계대전의 영웅인 윈스턴 처칠의 유머는 철저한 연습과 훈련의 결과물이라고 스스로 밝혔다. 언제 어디서나 틈만 나면 유머와 연설을 연습했고, 덕분에 세계적인 명연설가이자 유머의 달인이 되었다. 너무 유명해서 지금은 식상해진 그의 유머들은 아직도 전설처럼 남아 있다. 총리가 된 처칠이 의회에 자주 지각해서 야당 의원들로부터 비난을 받자 이렇게 응수했다. "여러분도 나처럼 예쁜 마누라를 데리고 살아보세요. 아마 아침에 일찍 일어나기 힘들 거요." 처칠을 비난하던 야당석에서조차 폭소가 나왔다. 전광석화처럼 날린 유머 하나가 상황을 급반전시켰다. 우리나라로 치면 대통령이 영부인을 유머 소재로 삼은 것이다.

"제 아버지는 연설을 잘할 수밖에 없어요. 왜냐고요? 1년 365일 하루로 빼지 않고 연습하시거든요!" 처칠의 아들이 아버지의 명연설 비결에 대해 이렇게 대답했다. 짜리몽땅한 체격, 특히 대머리에 우스꽝스러운 외모였지만, 입심으로 당할 자가 없었다. 그런 외모를 야당 의원들이 비아냥거리자 처칠은 태연히 응수했다. "갓 태어난 아기들을 보세요. 전부 나처럼 생겼지 않나요?" 인신공격이라고 맞대응하기는커녕 자신을 신생아에 비교해 웃음이 터지게 했다. 처칠의 사진을 보면, 오동통한 외모가 막 태어난 신생아를 닮았다.

우리 대통령들도 자신의 외모에 대해 듣기 민망한 비난을 들을 때가 있었다. '노가리', '쥐박이', '귀태' 등. 그때마다 처칠처럼 웃음이 빵 터지게 만드는 유머를 구사하는 정치인이 없었다는 점이 아쉽다. "위대한 처칠의 리더십은 입에서 나온다!"라는 말이 있다. 그만큼 유머를 잘 구사한다는 뜻이다. 처칠은 원래 말투가 어눌하고 유머라고는 찾아보기 힘든 무뚝뚝한 성격이었지만, 각고의 노력과 연습 끝에 자신을 변화시켰다. 그는 때와 장소를 불문하고 유머를 연습했다.

> ### 정치 지도자 4인의 유머 스타일
>
> - **트럼프**: 막장 유머(웃음거리)
> - **링컨**: 고난 유머(삶 속에서 체득)
> - **레이건**: 연출 유머(영화배우 경험)
> - **처칠**: 훈련 유머(피나는 연습)

철저한 '훈련 유머'였다. 처칠의 주특기인 즉흥 유머나 즉흥 연설도 알고 보면 사전에 치밀하게 준비된 것이었다.

미국 대통령들의
유머 순위와 업적 순위

백악관에만 있는 개그 작가

청와대에는 없는데 백악관에는 있는 사람은 누구일까? 바로 개
그작가이다. 백악관에서 근무하는 개그 작가는 매달 수백 개의 유
머를 모은 뒤에 30~40개를 간추려 대통령에게 제공한다. 대통령은
그중 서너 개를 골라 국민들에게 웃음을 선사한다. 유머 수백 개 →
30~40개 압축 → 3~4개 사용으로 이어지는 미국 대통령의 유머 시
스템이 흥미롭고도 부럽다. 미국 대통령들의 멋진 유머 이면에는 그
런 '개그 시스템'이 있었다.

트럼프 정부의 백악관 개그 작가는 별로 할 일이 없을 것 같다. 트
럼프 대통령이 개그맨보다 훨씬 더 웃기기 때문이다. 오바마 대통령
의 연설문 작가인 데이비드 리트(David Litt)는 2016년 5월에 방송국

개그 작가가 되려고 백악관에 사표를 제출했다. 개그 작가가 백악관 참모가 되려는 게 아니라 백악관 참모가 개그 작가가 되려고 사표를 냈다니, 미국의 개그 작가는 꽤나 좋은 직업인 모양이다. 우리나라는 방송인이 청와대에 근무하려고 사표를 내는 경우는 있어도, 청와대 참모가 방송인이 되려고 사표를 내는 경우는 없었던 것 같다.

밥 돌이 평가하는 미국 대통령들의 유머 실력

"위대한 권력자는 무엇이 다른가?" "성공한 대통령은 어떤 공통점이 있는가?" 이에 대한 명쾌한 답변을 학자가 아닌 정치인이 내놓았다. 미국 현대사의 산증인이자 역사상 최장수 공화당 상원 의원이었고 대통령 후보였던 밥 돌(Bob Dole)이 주인공이다.

그는 2017년 7월《위대한 대통령의 위트》라는 역저를 펴냈다. 국내 번역본이 무려 512쪽에 달하는데, 초대 워싱턴 대통령부터 조지 부시(George W. Bush) 대통령까지 미국 대통령 41명의 일화와 유명 코멘트를 담고 유머 순위를 매겼다. 책에는 이런 내용이 있다. "대통령이라는 직책은 유머 감각이 없다면 누구도 오래 버티지 못할 것이다." 한국 대통령은 유머 감각이 없기 때문에 임기 말에 늘 불행했던 것일까?

베스트셀러 저자이기도 한 밥 돌은 2000년에 '유머리스트'라는 기준을 만들어 미국 대통령들의 유머 성적을 〈뉴욕타임스〉에 발표하며 이렇게 말했다. "모든 대통령은 통치력과 유머 감각이 요구된다. 가장 성공했던 최고 지도자들은 그 두 가지를 겸비했다."

지도자의 가장 중요한 덕목으로 통치력과 유머를 꼽은 것이다. 나는 1990년대에 한국 언론인의 일원으로 미국 의회를 방문했을 때, 육중한 체구의 돌 의원이 국회의사당 본 회의장 입구에 서서 방문객들을 맞이하던 기억이 난다. 제2차 세계대전 때 입은 부상으로 오른팔을 쓰지 못하는 그는 왼손으로 일일이 악수하면서 인사를 나누었다.

밥 돌 의원은 저서 《위대한 대통령의 위트》에서 미국 대통령 41명의 유머 감각을 총 8단계로 구분하여 1등부터 꼴등까지 순위를 매겨 공개했다. 제1단계인 최우수 그룹은 유머 감각이 신의 경지에 올랐다는 의미에서 〈경지에 이르다〉라는 타이틀을 붙였고, 제8단계인 꼴찌 그룹은 대통령이 농담거리 신세로 전락했다는 뜻으로 〈농담거리 신세〉라는 타이틀을 붙였다. 나머지 중하위 그룹 대통령들의 유머 순위도 모두 공개했다. 미국 대통령들의 유머 순위를 몽땅 공개한 것은 처음이어서 세계적인 관심을 끌었다.

그런데 밥 돌의 유머 순위는 또 다른 관점에서 관심을 불러일으켰다. 오랫동안 미국 대통령을 연구해온 네이선 밀러 박사가 《미국 최악의 대통령 10인(Star-Spangled Men: America's Ten Worst Presidents)》이라는 책에서 미국 대통령들의 업적 순위를 매겼다. 놀랍게도 밀러 박사의 업적 순위와 돌 의원의 유머 순위 사이에는

0.534라는 밀접한 상관계수가 나왔다. 즉, 유머가 많은 대통령이 업적도 뛰어나다는 결과가 나온 것이다. 대통령의 유머 능력은 곧 국정 능력이었다.

유머를 잘 구사하는 대통령 1, 2, 3등

미국 대통령 가운에 유머 감각과 업적에서 영광의 1, 2, 3위를 차지한 대통령은 링컨, 레이건, 루스벨트였다. 돌 의원은 1위인 링컨을 '가장 위대하고 가장 재미있는 우리들의 대통령'으로 묘사하고, 2위인 레이건을 '배우로서 결코 타이밍이 어긋나는 법이 없었던 대통령'으로 표현했다. 3위인 루스벨트에 대해서는 "그의 위트가 경제 대공황과 제2차 세계대전을 견뎌내는 데 도움이 됐다"고 높이 평가했다.

'유머왕' 링컨의 유머는 등을 후려치는 핵 펀치와 같았다. 링컨을 공격했던 사람들은 그의 유머 한 방에 나가떨어졌다고 고백했다. 지금은 식상해진 링컨 유머를 다시 보자. 링컨에게 스티븐 더글러스(Stephen Arnold Douglas)라는 숙적이 있었다. 마치 우리나라의 김대중, 김영삼처럼 평생 치열하게 경쟁했다.

총각 때는 한 여인(메리 토드)을 두고 경쟁을 벌이다 결국 링컨이 결혼에 성공했다. 속없는 아내는 결혼한 후에도 파티장에서 더글러스와 다정하게 춤을 추었다. 링컨이 아무렇지 않은 표정을 짓자 더

글러스는 내심 어쩔 줄 몰랐다. 한번은 더글러스 의원이 링컨을 향해 "두 얼굴을 가진 이중인격자"라고 비난하자 링컨은 웃으면서 "저에게 또 다른 얼굴이 있다면, 하필 지금 이 얼굴을 갖고 나왔겠습니까?"라고 답했다. 훗날 더글러스는 이렇게 말했다. "그때 링컨의 한마디가 내 등을 후려치는 것 같았습니다!" 만약 우리나라의 야당 의원이 대통령을 향해 "이중인격자"라고 비난한다면 어땠을까?

더글러스 후보가 합동유세장에서 경쟁자인 링컨을 향해 "(링컨은) 과거 점원으로 일할 때 법을 어기고 서점에서 술을 팔았다고 합니다!"라고 공격하자 링컨은 태연히 응수했다. "그때 내 가게에서 가장 술을 많이 사간 최고의 고객이 더글러스였어요. 더 확실한 사실은 나(링컨)는 이미 술을 파는 계산대를 떠난 지 오래되었지만 그(더글러스)는 여전히 그 상점의 충실한 고객으로 남아 있다는 사실입니다!" 청중 속에서 "와!" 하는 함성과 폭소가 터지면서 판세는 한순간에 뒤집혔다. 링컨의 유머는 늘 상대방의 등을 후려칠 정도로 통쾌하고 강렬했다.

백악관에서 링컨이 자기 구두를 열심히 닦고 있었다. 이것을 본 참모가 "아니, 대통령께서 자기 구두를 직접 닦아요?"라고 묻자 링컨은 되물었다. "아니, 그럼 내가 명색이 대통령인데 남의 구두를 닦으란 말이요?"
변호사 시절에 링컨의 부인이 동네 생선 가게 주인과 말다툼을 하고 있었다. 이때 링컨은 생선 가게 주인에게 다가가 귀에 대고 속삭였다. "나는 15년을 참고 살았는데 당신은 15분만 참아주시오."

한번은 총을 든 젊은 청년이 길 가던 링컨을 가로막고 말했다. "잠깐, 나는 나보다 못생긴 사람을 죽이기로 했소!" 이에 링컨은 멈칫하더니 말했다. "좋소. 쏘시오. 내가 당신보다 못생겼다면 차라리 죽는 것이 낫겠소!"

유머 2위인 레이건 대통령은 타이밍에 맞는 유머를 잘 구사했다. 1981년 3월 저격을 받고 치료를 받을 때였다. 간호사들이 지혈하려고 웃옷을 벗기고 몸을 만지자 레이건은 물었다. "내 아내(낸시)에게 허락받았나?"

참모진과 경호원들이 응급실에 우르르 몰려들자 레이건은 다시 말했다. "내가 할리우드 배우 시절에 이렇게 인기가 좋았으면 배우를 때려치우지 않았을 텐데…." 긴장 속에서 폭소가 터졌다. 레이건은 '위대한 미국', '강한 미국'이라는 캐치프레이즈를 내걸었지만 역설적으로 부드러운 지도자의 이미지를 부각했다. 강한 지도자가 부드러운 리더십을 발휘한 것이다.

1984년 대선 TV 토론에서 공화당의 레이건 후보는 경쟁자인 민주당의 월터 먼데일(Walter F. Mondale) 후보로부터 '고령'이라는 비판을 받았고, 실제로 70대 중반의 나이는 큰 약점이었다. 방송 토론에서 레이건은 여유만만하게 말했다. "나는 당신의 나이가 적다는 사실을 문제 삼지 않겠습니다." 레이건 자신은 경험이 많은 프로이고, 먼데일 당신은 경험이 부족한 아마추어라는 공격을 우회적으로 한 것이다. 기막힌 응수였다. 훗날 먼데일은 털어놓았다. "그 순간 나는 패배를 직감했습니다!" 멋진 유머 한 방은 단숨에 상대의 기를 꺾고 전체 판도를 바꿔놓는다.

유머 실력 3위에 오른 루스벨트 대통령은 늘 휠체어를 타고 다니는 하반신 마비의 장애인이었다. 그는 1930년대 경제 대공황과 1940년대 제2차 세계대전으로 국내외에 대재앙을 겪는 와중에도 결코 웃음을 잃지 않았다. 루스벨트는 국민들에게 용기와 희망을 심어주기 위해 하반신 마비 통증이 아무리 고통스러워도 유머와 웃음을 잃지 않았다.

한번은 루스벨트 대통령이 명배우 오슨 웰스(Orson Welles)와 동석한 자리에서 이렇게 말했다. "미국에는 위대한 배우가 2명이 있는데 그중 한 명이 오슨 웰스다!" 미국에는 오슨 웰스와 루스벨트라는 두 명의 명배우가 있다는 뜻이다. 말하자면, 루스벨트 자신이 유명한 인물이라고 은근히 자랑한 것이다. 유머 감각이 경지에 오른 대통령다운 명품 유머였다.

돌 의원은 6위에 오른 케네디 대통령에 대해 "그가 기자회견을 하면 그 자체가 위트 넘치는 TV 쇼가 됐다"라며 높이 평가했다. 자신만만한 케네디는 종종 자신을 낮추는 '겸양 유머'를 구사했다. 케네디 대통령은 프랑스 파리를 방문하고 귀국한 뒤에 한 만찬장에서 이렇게 말했다. "제가 재클린과 함께 파리에 동행했던 바로 그 남자입니다!" 재클린이 파리를 방문했을 때 인기가 아주 좋았다는 사실을 빗댄 유머였다. 자기를 낮추고 아내를 올림으로써 부부가 함께 올라가는 멋진 겸양 유머였다.

흔히 '실패한 대통령'으로 평가되는 쿨리지(Calvin Coolidge) 대통령과 후버(Herbert Clark Hoover) 대통령이 각각 유머 순위 5위와 9위에 올라 놀랍다. 잠을 많이 자고 늘 꾸벅꾸벅 졸아서 '게으른 대통령'으로 유명한 쿨리지 대통령은 평소 말수가 적지만 한번 입을 열었다 하면 주변 사람들의 배꼽을 잡게 만든다. 그 유머, 참 궁금하다.

광산업자 출신으로 '후버댐'으로도 유명한 허버트 후버 대통령은 비록 재선에서 루스벨트 대통령에게 참패했지만 솔직담백하고 무표정한 유머가 높은 점수를 받았다. 쿨리지, 후버 두 대통령은 '능력이 부족해도 유머가 있으면 괜찮다'는 사실을 보여주었다. 그만큼 유머 감각은 중요하다.

유머 감각이 뛰어나지는 않았지만, '평균보다는 더 재미있는 대통령'으로는 15위에 조지 워싱턴, 17위에 빌 클린턴이 올랐다. 우리가 언론을 통해 보았던 클린턴은 유머가 뛰어난 것 같은데, 밥 돌 의원의 눈에는 그 정도는 아닌 모양이다. 돌 의원은 클린턴에 대해 "탁월한 연설 능력이 있고 재능 있는 유머 작가들을 구비한 축복을 받았다"고 평가했다. 본인이 연설 능력도 있었지만, 곁에서 유능한 유머 작가들이 도와주었다는 것이다.

유머가 부족하거나 최악인 대통령

유머가 부족하거나 아예 없는 대통령들은 유머 순위 18위 이하의 대통령이다. '사람들이 보기에 재미가 없었던 대통령' 가운데 18위는 드와이트 아이젠하워, 19위는 제럴드 포드, 22위는 지미 카터 대통령이었다. 공무원 스타일인 포드 대통령은 그렇다 쳐도, 커다란 이빨을 내놓고 곧잘 웃는 카터 대통령이 하위 그룹에 포함되어 있어서 의외다. 잘 웃는다고 유머 순위가 높은 것은 아니었다. 둘 다 우리나라를 방문했던 대통령들이다.

이어서 유머 감각이 유별나게 없는 '고집불통인 대통령'으로 25위의 리처드 닉슨 대통령을 포함해서 존 타일러, 체스터 아서 대통령 등 9명의 이름이 올랐다. 닉슨은 평소 어둡고 무거운 이미지처럼 유머와는 거리가 멀었다.

유머 감각이 최악이었던 '농담거리 신세로 전락한 대통령'에는 테일러, 하딩, 밴 뷰런, 두 명의 해리슨, 피어스, 필모어 대통령 등 8명의 이름이 올라 있다. 대통령 본인이 자국민들에게 웃음거리가 되면 최악의 점수를 받았다.

만약 돌 의원이 트럼프 대통령의 유머 감각을 평가한다면 결코 좋은 점수가 나오기 어려울 것 같다. 튀는 언행과 정책이 국내외에서 곧잘 웃음거리가 되고 있기 때문이다. 한 가지 재미있는 사실은 테일러, 아서, 포크, 필모어처럼 이름이 낯선 대통령일수록 유머 점수도 낮고 업적 점수도 낮다는 점이다.

한국 대통령들의 유머
스타일, 어떻게 다른가?

문재인의 구수한 유머

문재인 대통령을 비롯해서 우리나라 전·현직 대통령 12명의 유머 감각은 어느 정도일까? 만약 밥 돌 의원이 우리나라 대통령들의 점수와 순위를 매긴다면? 절대 후한 점수는 나오지 않을 것이다. 선두 그룹과 꼴찌 그룹의 차이도 별로 없을 것이다.

우리 대통령들이 유난히 유머 감각이 부족한 이유는 무엇일까? 대통령이 되기 전에는 그 나름대로 유머를 구사하려고 애쓰다가 대통령이 되고 나면 유머를 새까맣게 잊어버린다. 아니, 유머가 사라져버린다. 아마 보수적이고 권위주의적인 유교 문화 탓도 있겠지만, '권력자가 웃으면 가벼워 보인다'는 잘못된 생각이 은연중에 배어 있는 것 같다. 오랫동안 청와대에서 근무한 내 경험으로 보더라도 청와대는 유머를 구사할 분위기가 아니다. 만약 회의 중에 유머를 구사한다면 '이상한 인간' 취급을 받기 십상이다. 그럼에도 불구하고 우리 대통령들은 공·사석에서 그들 나름대로 유머를 구사했다.우리 대통령들의 유머 스타일을 비교해보고자 한다.

"하하하, 사람이 먼저지요!" 문 대통령의 입을 활짝 벌린 웃음과 구수한 유머는 사람들에게 친근감을 준다. 큰 눈을 껌벅이며 웃는 표정은 착하고 다정해 보인다. 그러나 집권 3년차에 접어들면서 웃음도 줄고 유머도 줄었다. 적폐 청산, 검·경 개혁, 남북 관계, 소득주도성장, 탈원전, 일자리…. 어느 것 하나 웃음을 주는 일이 없다. 문 대통령은 원래 진지하고 점잖은 스타일이기 때문에 웃음보다 침묵에, 유머보다 진지한 대화에 더 익숙한 사람이다. 문 대통령을 보면, 시간이 갈수록 본래의 내향적인 모습으로 되돌아가고 있다.

오히려 문 대통령의 부인 김정숙 여사가 성악을 전공한 음대생 출신답게 밝고 활발한 외향적인 성격을 보여준다. 김 여사는 웃음도 많고 유머도 많은 외향형이어서 남편에 대한 보완 역할을 하고 있다. 시간이 흐를수록 국정은 힘들어질 수밖에 없으니, 문 대통령은 스스로 긍정 마인드를 잘 조절해나가길 바란다.

김정은은 누가 뭐래도 '세계적인 웃음거리'가 되고 있다. 3대에 걸친 독재 정권, 할아버지인 김일성을 닮으려고 애쓰는 외모, 30대 중반의 젊은 나이, 육중한 체구, 게다가 사각형의 헤어스타일은 아무래도 21세기에는 어울리지 않는다. 2016년 1월 트럼프 대통령이 김정은 위원장을 향해 '미치광이', '리틀 로켓맨'이라고 비난하자 김정은 위원장은 이례적으로 직접 성명을 내고 '늙다리 미치광이'라고 받아쳤다. 당시 트럼프와 김정은 두 사람의 막말 전쟁은 세계인의 웃음을 샀다. 2019년 5월 조 바이든(Joe Biden) 전 부통령이 김정은을 '폭군'이라고 비난하자 북한 언론은 바이든을 겨냥해 '속물', '지능지수가 모자라는 멍청이'라고 맹비난을 퍼부었다. 이때 트럼프 대통령은 김정일 편을 들면서 "김정은이 바이든을 IQ가 낮은 멍청이라고 했을 때 나는 웃었다"라며 바이든을 조롱했다. 성난 바이든 진영은 트럼프가 독재자의 편을 든다고 비난했다. 미국의 전직 부통령과 북한의 김정은이 공방을 벌이는데 미국의 현직 대통령이 김정은 편을 든다? 희대의 코미디가 아닐 수 없다.

북한이 미국을 향해 퍼부은 막말은 얼마든지 있다. 북한은 부시 전 대통령을 '깡패', '미숙아'라고 비난하고, 오바마 전 대통령을 '잡종', '원숭이', 마이크 펜스 부통령을 '얼뜨기'라고 비난했다. 북한 당국이 발간한 동시(童詩)에는 미국을 '승냥이'로, 한국을 '삽살개'로 묘사한 대목도 있다. 김정은 위원장과 북한 정권의 행태는 분노보다는 헛웃음을 자아낸다.

인간 노무현의 최대 장점은 '웃음'

노무현 대통령이 지녔던 최대 장점을 딱 하나만 꼽는다면 '웃음'

이 아닐까? 노무현 스스로가 잘 웃었고, 남을 잘 웃겼으며, 국민 모두를 자주 웃겼다. 한마디로 긍정의 에너지가 넘쳤다. 오늘날 21세기 감성 시대에 최고의 리더십은 '긍정의 리더십'이다. 오랜 세월 무거운 대통령만 접했던 국민들은 난생처음 가볍다 못해 경쾌한 대통령을 접하고 열광했다. 요즘 사람들은 무겁고 엄숙한 지도자보다 가볍고 친근한 지도자를 훨씬 더 좋아한다. 집권 초 '검사와의 대화'를 회상해보라. 권력이 하늘을 찌르는 시점에 현직 대통령이 30~40대 평검사들과 자유 토론을 벌이는 것은 상상도 할 수 없는 일이다.

퇴임 이후 봉화마을에 몰려든 인파를 기억하는가? 퇴임한 노무현은 그들과 웃고 떠들며 어울렸다. 목청껏 노래도 불렀다. 만약 그대로 1~2년이 지났다면 봉화마을은 연일 축제 분위기가 되었을지 모른다. 이를 바라보는 이명박 정권의 심기가 편할 리 없다. 노무현은 천성적으로 밝고 낙천적인 성격이었다. 전형적인 외향형이자 O형 인간인 노무현은 늘 웃고 웃겼다. 링컨처럼 힘든 삶 속에서 만들어진 고난 유머라고 할까?

재임 중에는 "반미면 어때?", "대통령 못 해 먹겠다!"라는 식의 거침없는 말로 논란을 일으키기도 했다. 그런 표현들은 일종의 '가학적 유머'라고 할 수 있는데, 의외로 솔직한 사람들이 잘 사용한다. 이 때문에 이래저래 노무현 대통령은 유머 요소들을 두루 갖추고 있었던 '유머 종합 세트'라고 할 수 있다.

YS의 가벼운 유머 vs DJ의 무거운 유머

한국 현대사의 영원한 라이벌이었던 김영삼, 김대중 두 대통령의 치열했던 경쟁도 시간이 흐르니 추억이 되었다. 부잣집 외아들로 태어난 김영삼은 친화력이 있고 호탕한 성격이었다. 양 입꼬리가 올라간 얼굴 표정은 웃는 상(像)이고 실제로 잘 웃었으며 잘 웃겼다. 힘든 상황을 단순하고 가볍게 만드는 재주가 있었다. 반대로 김대중은 친화력이 적고 신중한 성격이었다. 양 입꼬리가 내려간 표정은 화난 듯한 상(像)이고 실제로 잘 웃지 않았다. 하긴 평생 탄압받고 죽을 고비를 숱하게 넘긴 사람에게 유머를 기대한다는 게 무리인지 모른다. 그러나 DJ는 대선에서 3차례 고배를 마신 이후부터 오히려 밝은 표정으로 유머를 구사하기 위해 많은 노력을 기울였다.

김영삼 대통령은 외향적인 성격의 소유자답게 공·사석에서 솔직 담백한 농담을 즐겼다. 품격 있는 유머라기보다는 허심탄회한 말투로 좌중을 웃기는 경우가 많았다. 나는 퇴임한 김 대통령과 상도동 사저에서 1시간가량 만난 적이 있었는데 김 대통령이 거의 50분 내내 혼자 웃으며 얘기했다. "젊은 시절에 우리 맹순이(아내 손명순 여사)가 말이야, 나한테 홀딱 반해서 정신이 없었지."

김 대통령은 재임 5년 동안에 오히려 자신이 풍자의 대상이 되는 경우가 많았다. '학실히', '갱제' 같은 경상도 특유의 발음이나 어법을 풍자하는 우스개 얘기들이 시중에 나돌았다. 임기 말에 IMF 사태로 역대 최악의 레임덕 현상에 빠져 웃음을 잃은 김영삼 대통령이 청와대 집무실에서 멍하니 창밖을 내다보는 장면을 언론에서 보았던 생각이 난다.

YS가 '가벼운 유머'를 좋아했다면, DJ는 '무거운 유머'를 좋아했다. 역대 대통령 중에서 무거운 품격 유머를 사용하려고 가장 큰 노력을 기울였던 대통령이었다. DJ의 유머는 링컨처럼 험난한 삶의 터널을 뚫고 지나면서 체득한 '체험 유머'였다. 1980년대 초 전두환 정권으로부터 사형선고를 받았던 절체절명의 순간을 유머러스하게 표현해 주위를 웃겼다. 당시 김 대통령이 사형선고를 받았을 때 부인 이희호 여사가 "하나님 뜻대로 하옵소서"라고 기도하자 김 대통령은 "하나님이 왜 남의 가정사를 참견하시느냐"고 원망했다고 말해 좌중을 웃겼다. 밥 돌에 의하면, 하나님과 같은 신을 언급한 '철학적 유머'를 구사하는 사람은 낙천적이고 열정적인 사람이다.

김 대통령은 또 1980년대 군사재판에서 재판관의 입술 모양이 앞으로 툭 튀어 나오면 '무기징역'이고 옆으로 짝 찢어지면 '사형'이기 때문에 재판관의 입술만 쳐다보았다는 유머를 즐겨 써먹었다. 1997년 12월 대선 때는 자신의 이미지를 부드럽게 만드는 '뉴DJ 플랜'을 통해 웃는 모습을 자주 연출했다.

풍자 유머 vs 군인 유머

적어도 이승만, 박정희 대통령이 통치하던 1940~1970년대는 먹고살기도 힘든 판에 '유머'를 찾는 건 사치와 같았다. 그야말로 유머 없는 시대였다. 이승만은 유교 집안에서 자랐고 30세 이후부터 독립운동을 위해 해외를 떠도느라 유머를 구사할 여유가 없었다. 그러다가 73세에 대통령이 되었으니 나이 먹고 무슨 유머를 하겠는가? 오늘날 남아 있는 이승만의 사진과 영상 가운데 웃는 장면을 찾아보기 어렵다. 다행히 오랜 미국 생활 덕분에 그 나름대로 유머가 있었다.

박정희 대통령은 어릴 때부터 과묵한 성격인 데다 일제강점기였던 1940년대와 해방 직후인 1950년대에 군대 생활을 했기 때문에 여유를 찾기 어렵다. 목숨을 걸고 5·16 쿠데타로 집권한 대통령이 여여유만만하게 웃을 수 있겠는가? 다만, 18년 집권 기간이 워낙 길다 보니 권력 안정기에는 심리적 여유가 생기면서 자주 웃었다.

"당신네들이 호랑이를 다 잡아가서 한반도에서 호랑이 씨가 다 말랐어요!" 일본을 방문한 이승만 대통령이 일본 관리들로부터 "한국에 아직도 호랑이가 있느냐?"는 질문을 받자 일갈한 것이다. 현대 유머 감각으로 보면 별로 우습지 않지만 당시에는 최고의 품격 유머로 평가받았다. 일본 관리들이 호랑이를 통해 자기들의 식민 지배를 은근히 과시하려다 한 방 맞은 것이다.

초대 이승만 대통령은 미국에서 학사, 석·박사 학위를 받고 오랫동안 해외 생활을 한 탓인지 아메리칸 스타일의 유머를 구사했다. 즉, 번득이는 위트가 있었다. 어릴 적 서당에서 한문을 배웠던 이승만은 한시를 통해 상대를 비트는 '풍자적 유머'를 즐겼다.

이승만은 20대 후반에 한성감옥에 갇혀 있으면서 첫 번째 부인 이승선에 대한 섭섭함을 한시로 토로했는데 내용이 유머스럽다. "(아내가) 게을러서 늦잠을 좋아하고 동네 아이들하고 놀러 다닌다"라는 내용이었다. 그런가 하면 기생이나 나비, 벼룩을 소재로 재미있는 한시를 짓기도 했다. 20대 중반에 지은 벼룩에 대한 한시는 작은 미물 한 마리를 놓고 얼마나 재미있게 묘사했는지 미소가 절로 나온다.

한번은 이 대통령이 "뿡" 소리를 내며 방귀를 뀌자 뒤따르던 참모가 "각하, 시원하시겠습니다!"라고 아첨했다는 얘기는 두고두고 회자되었다. 이 대통령의 말끝마다 장관들이 "어르신, 지당하신 말씀이옵니다!"하고 허리를 조아렸다고 해서 '지당 장관'이라는 말이 나왔다.

유머 심리학자의 이론에 의하면, 이 대통령처럼 '풍자적 유머'를 좋아하는 사람은 감성적이고 개방적이며 의심이 많은 성격이다. 어린 시절에 엄격한 유교적 가풍 속에서 자란 탓인지 호탕하게 웃으며 유머를 큰소리로 말하기보다 특유의 떨리는 음성으로 나지막이 구사하는 스타일이다.

박정희 대통령은 공·사석의 구분이 명확했다. 공석에서는 군인처럼 근엄하고 엄격하게 행동했지만, 사석에서는 이웃집 아저씨처럼 서민적인 언행으로 인간미를 풍겼다. 특히 술좌석에서는 화끈하게 어울리는 면도 있었다. 다만, 사석이라고 해서 대통령에게 눈치 없이 섣불리 농담을 건넸다가 나중에 곤욕을 치른 사람들이 있다. 박 대통령은 사석에서도 허물없이 유머를 구사하는 스타일이 아니었다. 농담이라도 지켜야 할 선이 있었던 전형적인 군인식 유머를 구사했다. 사실 1950~1960년대 권위주의 시절에는 대통령이 유머를 한다는 것 자체가 이례적인 일이었다.

더구나 박 대통령은 내향적인 성격이어서 말재주가 좋은 편이 아니었다. 대신 방송인들을 좋아해서 구봉서, 배삼룡, 김희갑 같은 인기 코미디언들을 가끔 청와대 행사에 초청했다.

전두환의 깔보는 유머 vs 노태우의 가학적 유머

한국 현대사에 '쌍둥이'처럼 따라다녔던 두 권력자가 전두환, 노태우다. 40년 지기인 두 사람은 정치적 역정은 비슷했지만 성격은 180도 판이했다. 전두환은 호탕하게 껄껄껄 웃는 스타일인 데 비해 노태우는 조용하게 흐흐흐 웃는 스타일이었다. 전두환은 목숨 걸고 12·12 쿠데타로 집권했지만 천성이 낙천적이고 친화력이 좋아서 잘 웃고 웃겼다. 퇴임 후에는 지금껏 웃음거리가 되고 있다. 반면에 노태우는 말수가 적고 잘 웃지도 않았다. 약간 웃는 표정이지만 크게 웃거나 남을 웃기는 일이 드물었다.

역대 대통령 중에서 유머를 가장 노골적이고 호탕하게 즐겼던 사람은 전두환 대통령이었다. 공석에서는 철권통치 권력을 휘둘렀지만, 사석에서는 거침없이 유머를 즐겼다. 취기가 오르면 지위고하를 막론하고 우스개 농담을 던졌고, 면전에서 면박이나 망신을 주고 껄껄 웃어넘기는 '적대적 유머' 스타일이었다. 전 대통령은 1980년대 임기 말 청와대 만찬에서 거나하게 취해 당정 고위 인사들이 모두 모인 자리에서 "나는 술도 못 마시고 얼굴도 못생겼는데 노태우 후보는 술을 많이 마셔도 표시가 안 나고 여자들에게 인기도 좋았다"라고 칭찬 아닌 칭찬을 했다. 노태우 후보가 겉보기와 달리 술을 잘 마시고 여자를 좋아한다는 뉘앙스를 은근히 풍긴 것이다. 백담사에서 유폐 생활을 할 때도 방문객들을 모아놓고 막걸리를 마시며 특유의 입담으로 자기 자랑을 늘어놓기도 했다. 백담사에서 나와 일본을 방문했을 때, 노태우 대통령에 대한 질문을 받자 "하도 이를 갈아서 이빨이 다 못 쓰게 됐다"라고 말해 폭소를 일으켰다. 이런 '깔보는 유머'를 잘 구사하는 권력자는 자존심이 세고 공격적이며 권위적인 성격이라는 것이 유머 심리학자의 분석이다.

전두환 대통령은 워낙 농담을 좋아해서 재임 중에 '야한 농담'을 잘하는 여당 중진 정치인을 가끔 청와대로 불러 스트레스를 풀었다고 한다. 그런가 하면, 독대 보고를 할 때 흥미진진한 연예가 스캔들을 곁들여 보고했던 정보기관 간부가 승승장구했다는 소문도 있었다. 전 대통령처럼 야한 농담이나 연예인 스캔들 같은 '성적인 유머'

를 좋아하는 사람은 단순하고 호탕한 측면도 있다. 전두환은 "내 지갑에는 29만 원밖에 없다"거나 아내 이순자가 "내 남편은 민주주의의 아버지"라고 말한 것이 두고두고 웃음거리가 되고 있다.

한편, 전 대통령과 정반대 성격인 노태우 대통령은 늘 부드러운 미소를 짓는 타입이다. 말수도 적고 말재주도 없었다. 노 대통령은 공개적으로 "나를 코미디 소재로 삼아도 좋다"라고 말한 최초의 대통령이다. 덕분에 특유의 부드러운 목소리로 "이 사람 보통사람 노태웁니다. 믿어주세요!"라고 자주 썼던 말투가 유행어가 되었다. 자신을 유머 소재로 삼아 스스로 깎아내리는 것은 '가학적 유머'에 해당된다.

비즈니스 유머 vs 썰렁 유머

보수 정권의 10년 축을 형성했던 이명박과 박근혜 두 사람은 정치적으로 유사성이 있었지만 인간적으로는 뚜렷하게 달랐다. 이명박은 사업가 출신이고, 박근혜는 군인 집안 출신이다. 성격도 이명박은 외향형으로 말수가 많았고, 박근혜는 내향형으로 말수가 적었다. 이명박은 웃음이 많았지만, 박근혜는 웃음이 적었다. 인간적으로 달라도 너무 다른 두 사람은 유머 스타일도 달랐다.

사업을 하는 사람들의 가장 큰 특징은 친화력이다. 상대를 설득해서 사업권을 따내야 하므로 언변과 웃음을 총동원해서 '빠르게' 파고 들어가야 한다. 성공한 사업가들 치고 과묵하고 조용한 사람은 드물다. 이명박 대통령도 1970~1980년대 현대건설에서 승승장구하면서 얼마나 많은 사람과 만나 얼마나 많은 친화력을 발휘했겠는가? 그는 어깨를 툭 치거나 악수한 손을 크게 흔들면서 친근감을 표시한다. 전형적인 사업가 기질이 느껴졌다. 그의 별명인 '불도저'의 속성도 과감하게 밀어붙이며 요란하게 먼지를 일으키는 것이 아닌가? 이명박이 있는 곳에는 요란한 웃음소리가 있었다.

그러나 대통령에 당선된 이후로는 그의 웃음소리를 듣기 어려웠다. 오히려 인왕산 자락까지 들여오는 시위대의 〈아침이슬〉 노래를 듣고 눈물을 흘렸다거나 목사님과 눈물로 기도했다는 이야기가 들렸다. 급기야 세간에는 현직 대통령의 외모를 비하하며 '쥐박이'라고 '깔보는 유머'까지 등장했다. 예나 지금이나 대통령이 아무리 밉더라도 지나친 인신공격성 막말은 자제하면 좋겠다는 생각이다.

박근혜가 정식 문인(文人)이라는 사실을 아는가? 굳이 영역을 나누자면 수필가라고 할 수 있다. 그는 30대 때 문단에 이름을 올렸다. 그의 자서전과 회고록을 보면, 가슴에 와닿는 표현들이 많다. 부모의 죽음을 슬퍼하고 세상을 원망하는 글이 유난히 많았다. 아쉬운 것은 '밝고 재밌는 내용'은 찾아보기 어렵다는 점이다. 아버지가 재임 중이었을 때는 재미있고 즐거운 추억이 많을 것 같은데, 그의 글에는 슬프고 화나는 내용이 대부분이었다.

세월이 흘러 당 대표와 대선 후보 시절에는 더 자주 웃고, 사람들을 웃기려고 노력했다. 웃자고 했는데 오히려 분위기가 썰렁해졌다고 해서 붙여진 그의 '썰렁 유머'는 10개가 넘었다고 한다. "개고기 먹을 줄 아세요?"를 충청도 사투리를 써서 "개 혀?"라고 하고 "춤 한 번 추실래요?"는 "출껴?"라고 했던 유머가 대표적이다. 어색했지만 친근감을 주었다는 호평도 많았다.

박근혜의 유머 중에서 가장 높이 평가를 받았던 것은 2006년 5월 지방선거를 앞두고 면도칼 테러를 당해 의사들에게 봉합 수술을 받을 때 "당신들은 내 속살을 처음 본 남자들"이라고 말한 유머였다. 위기 속의 레이건 유머에 비교되며 찬사를 받았다.

대통령이 된 뒤에 가장 높이 평가받는 유머는 영국에서 나왔다. 2013년 영국 방문 중에 넘어지려는 순간 영어로 짧게 "Dramatic entrance(극적인 입장이네요)!"라고 말한 것이 '품격 유머'라는 호평을 받았다.

콜빈 박사에 의하면, 박근혜 대통령처럼 '풍자적 유머'나 '난센스 유머'를 구사하는 사람은 주체적이고 그 나름대로 유머 감각이 있지만 의심이 많은 사람이다. 박 대통령은 임기 중반에 접어들면서 특유의 미소가 사라지고 집권 4년차인 2016년 최순실 국정 농단 사태 이후부터는 아예 웃음을 찾아볼 수 없었다. 박근혜의 어록 하나가 생각난다. "저는 어머니, 아버지를 잇달아 잃으면서 평생 흘릴 눈물을 다 흘렸어요!"

국민은 유머 감각이 있는
권력자를 원한다

유머 감각의 세 가지 기준

정치 지도자들이 한자리에 모여 개그콘서트를 한다면, 누가 1등을 차지할까? 홍준표? 유시민? 이재명? 아니면 이낙연? 의외로 황교안 대표가 썰렁 유머를 구사할까? 대선 주자들이여! 힘겨운 어린 시절을 보냈다면 '링컨의 고난 유머'를 따라 하고, 다양한 경험이 있다면 '레이건의 연출 유머'를 벤치마킹하기 바란다. 도무지 유머 감각이 없다면, 유머를 외우고 연습하는 '처칠의 훈련 유머'를 벤치마킹하기 바란다. 밥 돌 의원이 강조하지 않았던가? "유머 있는 지도자일수록 성공한 지도자가 될 가능성이 높다!"

나는 적절한 시기에 차기 대권 주자들의 유머 감각을 아래 세 가지 기준에 따라서 평가하고 공개하려고 한다. 첫째, 유머를 얼마나 자주 구사하는가?(횟수) 둘째, 품격 있는 유머인가?(수준), 셋째, 유머 속에 메시지가 담겨 있는가?(콘텐츠) 대권 주자들은 이 세 가지를 염두에 두고 발언하고, 유권자들은 이런 기준을 염두에 두고 차기 주자들의 발언에 귀를 기울이기 바란다.

차기 대권 주자들의 유머 감각

차기 대권 주자 중에서 최근 유튜브에서는 홍준표 그리고 유시민 두 사람이 맹활약 중이다. 두 사람은 각각 〈홍카콜라〉와 〈알릴레오〉라는 유튜브 채널을 통해 많은 팔로워를 얻었다. 홍준표 전 대표는 오랜 정치 경험과 특유의 입담으로, 유시민 이사장은 오랜 방송 경험과 논리로 각각 보수, 진보 진영을 파고든다. 두 사람은 유머의 본질인 '재미'에서는 다른 주자들보다 유리한 고지를 선점하고 있다. 다만. 재미있는 입담이 품격 유머로 이어지고 국민들에게 감동을 줄 수 있는지는 좀 더 지켜보자. 정치인의 공격적인 유머는 자칫 안티 그룹을 확대시킬 수 있다는 점에서 조심해야 한다.

황교안 대표는 내향적인 성격에 오랜 공직 생활 탓인지 유머를 즐겨 구사하는 타입은 아니다. 다만, 신앙 간증 같은 정치권 바깥 활동을 보면, 유머를 구사하려고 애쓰는 모습이 역력하다. 내가 기자 시절부터 지켜보았던 이낙연 총리는 막걸리처럼 구수한 유머를 즐기는 타입이다. 지금은 총리로서 공직자의 자세를 견지하고 있지만,

대권 주자로 나선다면 더 많은 유연성이 필요할 것이다. 안철수 전 대표는 천진난만하게 웃는 모습이 국민들로부터 호평을 받았다. 다만, 험한 정치판에서 시달리다 보니 경직된 모습이 종종 나타나는 것을 개선해야 한다.

손학규 바른미래당 대표도 자주 웃는 표정이다. 2019년 패스트트랙 문제로 힘든 상황에 몰렸을 때도 애써 웃음을 잃지 않았다. 정세균 전 국회의장은 '하회탈, 젠틀맨'이라는 별명처럼 입꼬리가 올라가 있다. 그는 아침저녁으로 거울을 보며 웃는 연습을 한다고 한다. 심상정 대표도 웃는 표정이다. 만약 노회찬 의원이 살아 있었다면, 다음 대선에서 유머실력을 마음껏 발휘했을 텐데 하는 아쉬움이 있다.

박원순 서울시장은 5년 전 대권 주자로 나선 후부터 '젊은 이미지'를 보여주기 위해 다양한 노력을 기울이고 있다. 공개 석상에서 반바지를 입고 나온 적도 있고, 지인에게 먼저 전화를 걸어 농담 섞인 안부를 건네기도 한다. 이재명 경기도지사는 스스로 '사이다'라고 표현했듯이 시원시원하게 치고 빠지는 능력이 돋보인다. 이재명 부부는 2016년 한 종편의 예능프로에 출연해 유머 솜씨를 유감없이 과시했다. 만약 정치인 개그콘테스트를 한다면 그는 강타자가 될 것이 분명하다.

자, 당신은 누가 가장 유머러스한 정치지도자라고 생각하는가? 이제부터 눈여겨 살펴보자. 거듭 강조하지만, 유머는 단순히 잘 웃기는 것이 아니다. 따뜻하고 편안한 마음을 갖게 만드는 감성 능력이 진짜 유머 능력이다.

매일 "와이키키, 와이키키"를 외쳐보라

유머의 힘은 어느 정도일까? 작가인 다니엘 핑크는 저서 《새로운 미래가 온다》에서 '유머의 힘'에 대해 말했다.

"유머는 우뇌의 가장 강력한 특질이다. 상황을 앞뒤로 연결하는 능력과 큰 그림을 보는 능력, 서로 다른 견해들을 결합하는 능력을 모두 아우른다. 무슨 일을 할 때마다 유머는 더욱더 가치를 갖는다."

핑크의 말을 정리하면, 유머가 있는 사람은 감성 능력과 상황 판단력, 통찰력, 통합 능력이 뛰어나다고 한다. 오늘날 지도자들에게 가장 중요한 것은 감성 능력인데, 그게 곧 유머라는 것이다. 유머가 있는 정치 지도자는 국민에게 웃음을 주고 성공한 대통령이 될 가능성이 높다는 말을 다시 한 번 명심하기 바란다.

만약 당신이 아무리 노력해도 유머 감각이 생기지 않는다면 최후의 방법이 있다. 최대한 자주 많이 웃어라! 자연스럽게 진심으로 활짝 웃어야 한다. 매일 아침저녁으로 거울을 보면서 10번씩 "와이키키, 와이키키"를 소리 내 외쳐보라. 한 달만 지나도 당신의 얼굴은 몰라보게 밝아질 것이다. 성공했기 때문에 웃는 것이 아니라 웃기 때문에 성공한다는 '긍정의 법칙'을 명심하기 바란다.

President's
psychology

4장

권력자의
피는
따로 있다

혈액형 다시 보기

국회의원과 조폭의 혈액형

대한민국 국회의원 299명의 혈액형이 궁금하다. 이들은 어떤 혈액형이 많을까? 강하고 억센 O형? 부드럽고 우유부단한 A형? 우리나라 국회의원들의 혈액형 분포를 파악해보면, 꽤 재미있고 의미 있는 결과가 나올 것 같다. 하지만 누가 국회의원들의 혈액형을 조사하겠다고 나설 수 있겠는가?

일본은 작심하고 자국 국회의원들의 혈액형을 조사한 적이 있었다. 1978년에 중의원 453명을 대상으로 혈액형을 조사해보니, O형이 압도적으로 많았다. 역시 정치인의 피는 따로 있었다. 그렇다면, 우리나라 국회의원들의 혈액형도 O형이 압도적으로 많을까?

일본은 자국의 조직 폭력배들을 대상으로 조사해보았더니, 역시 특정 혈액형이 압도적으로 많았다. 이 혈액형은 공개되지 않았지만, 당신은 충분히 짐작할 수 있을 것이다.

그렇다면 대한민국 CEO들의 혈액형은 어떨까? 일본의 혈액형 인간학연구소(소장 노미 도시타카)는 2004년 10월 한국 100대 기업의 최고 경영자(CEO)들을 대상으로 혈액형을 조사해보았더니 '혁신형'으로 불리는 B형이 38.7%(36명)으로 가장 많았다. 이어서 A형이 24.7%(23명), O형이 23.7%(22명), AB형은 12.0%(12명) 순이었다. 자, 이제 혈액형 심리학으로 다시 한 번 세상을 들여다보자. 당신은 어떤 혈액형인가? 당신의 '혈액형 능력'을 극대화할 방법을 제시하고자 한다.

혈액형이 당신의 모든 것을 좌우한다

한때 일본에서는 '혈액형 인생'이 유행이었다. 과거 1970~1980년대 일본 사람들은 혈액형에 맞는 껌을 씹고, 혈액형에 맞는 음료수를 마시며, 혈액형에 맞는 달력을 사용했다. 심지어 혈액형에 따라 어린이들을 분류해서 가르치는 유치원도 있었다. 회사나 공공 기관, 군인, 공무원의 프로필에는 혈액형을 적도록 했다. 그야말로 혈액형이 모든 것을 결정한다고 보는 '혈액형 세상'이었다. 그 무렵 일본에서는 혈액형 관련 책들이 출간되어 큰 반향을 불러일으켰다.

1970년대부터 혈액형 이론을 널리 대중화시킨 사람은 일본의 유명 방송작가인 노미 부자(父子)였다. 아버지 노미 마사히코는 1971

년에《혈액형 인간학》(1999년 국내 출간)이라는 책을 출간해 혈액형에 대한 관심에 불을 붙이더니, 곧이어 아들 노미 도시타카와 함께 수십만 건의 데이터를 분석한 결과를 토대로《혈액형이 당신의 모든 것을 결정한다(You are your blood type)》라는 제목의 영문판 책을 펴내 대히트를 쳤다. 요즘으로 치면 엄청난 베스트셀러였다. 그 내용이 우리나라로 점차 확산되어 1990년대부터 방송과 언론, 출판계에서 주로 유명 인사들의 혈액형에 대한 관심으로 이어졌다. 한동안 방송에서는 역술인들이 출연해서 인기 연예인들의 혈액형을 재미있게 품평하는 프로들이 인기를 끌었다.

세계적으로 유독 한국과 일본에서만 혈액형이 관심을 끄는 이유는 아마 동양인 특유의 '피'에 대한 가치 부여와 운명론적 인생관, 대인 관계를 중시하는 문화적 특성이 작용한 것으로 보인다. 해외에서 음식이나 형제 관계에 대한 연구들이 학문적 영역으로 평가받는 데비해 혈액형에 대한 연구는 아직 학문적 영역으로 인정받지 못하고 있다. 그럼에도 불구하고 한국과 일본에서 혈액형 이론은 '비중 있게' 다뤄지고 있다.

혈액형의 역사

우리는 언제부터 '피'를 보았을까? 혈액형의 역사는 100년이 한참 넘는다. 1901년 오스트리아의 세균학자 카를 란트슈타이너(Karl Landsteiner)가 수혈할 때 피가 엉기는 것을 막기 위해 피의 분류, 그러니까 혈액형이라는 분류법을 처음 만들었다. 그런데 몇 년 후에 독일 학자가 〈혈액형의 인류학〉이라는 논문을 통해 인종 우월주의를 폈다. 1940년대에 이 이론을 우생학적으로 악용하여 유대인을 학살한 사람이 나치 독일의 히틀러였다. 좋은 혈액형 이론을 나쁘게 악용한 것이다.

한편, 1910년대에 유럽으로 유학을 가 있던 일본인 의사 하라 키마타가 1916년 일본 언론에 최초로 유럽의 ABO식 혈액형 이론을 소개했다. 그로부터 10여 년 후에 하라 키마타의 혈액형 이론을 한 단계 더 발전시킨 사람은 일본의 철학 강사였던 후루카와 다케지였다. 후루카와는 1927년 〈혈액형을 통한 기질 연구〉라는 논문에 이어 1932년에는 《혈액형과 기질》이라는 책을 펴냈다. 후루카와는 가족과 주변 사람들의 설문 조사 등을 토대로 'A형=내성적, AB형=이중적, O형=강한 의지, B형=외향적'이라는 기본 이미지를 정리해서 발표해 많은 주목을 받았다.

1966년에는 프랑스의 심리학자 레옹 불 델이 《혈액형과 기질》이라는 책을 펴냈다. 이 책에 의하면, A형은 성실하고 인내심이 강한 사람이며 AB형은 몹시 섬세하고 신경질적이면서도 반대로 차가운 면을 지닌 사람, 뜨거움과 냉철함을 겸비한 사람, 극과 극을 오가는 사람이다. O형은 변화를 좋아하며 유머가 많은 로맨티스트로 CEO나 외교관에 알맞은 타입이고, B형은 개성이 강하고 행동적이며 정열적인 성격으로 군인이나 스포츠맨에 알맞은 타입이다. 레옹의 이론은 유럽보다 멀리 일본에 더 많은 영향을 주었다.

오늘날 우리나라에 널리 퍼져 있는 혈액형 이론의 원조는 철학자 후루카와다. 그의 이론은 1930~1940년대에 찬사와 비판을 동시에 받았다. 주된 비판은 혈액형과 성격 사이에 일관된 상관관계가 보이지 않고, 혈액형과 성격을 연결 지을 만한 물질이 발견되지 않았다는 것이다. 더구나 의학자나 생물학자가 아닌 철학 강사와 방송작가 같은 비(非)전문가의 연구 결과라는 비판이 거셌다. 또 있다. 남미 페루의 원주민들은 대부분 O형인데, 만약 혈액형과 성격이 관련 있다면 페루의 원주민들은 모두 비슷한 성격이어야 한다는 반론이었다.

이처럼 혈액형의 성격 이론에 대한 반발이 많았음에도 불구하고, 혈액형 이론은 빠르게 퍼져 나갔다. 혈액형 이론은 알기 쉽고, 재미있으며, 의외로 맞아떨어지는 경우가 많기 때문이다. 당장 나 자신과 주변 사람들만 봐도 혈액형에 따른 성격 유형이 딱 맞아떨어지는 경우가 많았다.

당신은 혈액형 이론을 믿는가?

본격적으로 혈액형 이야기를 하기 전에 당신에게 물어보자. "혈액형 이론을 신뢰하는가?" 혈액형과 성격 간에 밀접한 관계가 있다고 생각하는가? 이런 설문 조사를 해보았더니 응답자의 58%가 "그렇다"고 대답했다. 10명 중에 6명 정도가 혈액형과 성격은 관계가 있다고 대답한 것이다. 나와 내 주변에 있는 사람들의 혈액형과 성격을 보더라도 혈액형 이론을 믿지 않을 수 없다. 딱 들어맞는 사람들이 의외로 많았다.

우리나라 국민들의 혈액형 분포는 조사기관이나 조사 시기에 따라서 조금씩 차이가 있지만, 대체로 A형이 37%로 가장 많고, O형 27%, B형 23%, AB형 11% 순이라고 보면 된다. 참고로 미국은 O형이 47%로 단연 많고, A형 23%, B형 20%, AB형 5% 순이다. 혈액형 이론은 한국과 일본 두 나라에서 널리 퍼져 있고, 미국이나 유럽 같은 선진국에서는 관심권 밖에 있다. 혈액형에 따른 성격은 바꾸기가 어렵지만 '반복되는 노력'으로 바꿀 수 있다. 그렇다면 우리의 '피'를 바꿔보자.

노래, 운전, 패션으로
보는 혈액형 테스트

당신은 노래방에 가면 어떻게 노는가? 심각한 표정으로 마이크를 꽉 잡고 〈눈물 젖은 두만강〉을 구슬프게 부르는가? 아니면 온몸을 흔들면서 남진 노래나 장윤정 노래를 신나게 부르는가?

당신은 또 운전을 어떻게 하는가? 뒤에서 아무리 빵빵거려도 조심조심 운전하는가? 아니면 한손으로 핸드폰 통화하고 다른 한손으로 운전대 잡고 쌩쌩 내달리는가?

옷은 또 어떤 옷을 입는가? 돈이 없어도 유행따라 명품 옷을 무리하게 장만하는가? 아니면, 내 취향에 맞는 옷을 저렴하게 사서 입는가?

이 세 가지를 보면, 당신의 혈액형을 알아맞출 수 있다. 아울러 당신의 성격도 알아맞출 수 있다. 다음 세 가지 사례를 통해 당신의 혈액형에 따른 성격을 진단해보시기 바란다.

노래로 보는 혈액형

- **A형** : 한 번 마이크를 잡으면 놓치 않는다.
- **AB형** : 다른 사람이 부르는 것을 지켜보다 마지못해 부른다.
- **O형** : 노래와 춤으로 노래방 분위기를 신나게 주도한다.
- **B형** : 탬버린과 율동으로 다른 사람의 장단을 잘 맞춰준다.

자동차 운전으로 보는 혈액형

- **A형** : 옆자리에 누가 있으면 조심스럽게 몰지만, 혼자 운전하면 과속한다.
- **AB형** : 피곤해도 꾹 참고 운전을 강행하는 경우가 많다.
- **O형** : 차를 쌩쌩 몰고가다 옆 차선 차와 경쟁이 붙기도 한다.
- **B형** : 차를 잘 몰지만 운전 중에 한눈을 팔기도 한다.

패션으로 보는 혈액형

- **A형** : 명품을 좋아한다.
- **AB형** : 직장에서는 수수하지만 직장 밖에서는 과감하게 변신한다.
- **O형** : 유행보다 자기 취향을 중시한다.
- **B형** : 진한 원색을 좋아한다.

한국 대통령들의
'피'는 다르다

A형 권력자: 박정희, 김대중, 트럼프, 푸틴, 메르켈, 김정은

당신은 메모를 잘하는 편인가? 아니면, 눈치로 때려잡는 스타일인가? 대한민국 메모 정치의 원조는 박정희 대통령이다. 그는 작은 수첩에 깨알같은 글씨로 중요한 지시 사항을 꼼꼼히 메모했다. 또 다른 메모 정치의 달인은 김대중 대통령이다. 그는 수감 시절 200자 원고지 한 칸에 23글자를 써 넣어서 현미경으로(?) 보아야 읽을 수 있을 정도로 깨알보다 더 작은 글씨로 메모했다. 최규하 대통령도 외교 공무원 출신답게 늘 메모하면서 꼼꼼하고 체계적으로 일했다. 메모는 A형의 대표적인 특징이다.

한국 대통령 중에서 A형 혈액형을 가진 박정희, 김대중 두 사람의 스타일을 좀 더 살펴보자. 이들은 일반적인 A형 차원을 넘어 전형적인 A형의 행태를 보여준다. 신중함, 인내심, 꼼꼼함, 협상력, 너그러움, 강온 양면성, 내향적인 성격이 두드러진다. 이들은 각각 혁명가와 민주 투사 출신으로 정치적인 노선은 달랐지만, 인간적인 스타일(성격)은 비슷하다.

박정희 대통령은 1961년 5·16 쿠데타에 성공하고도 2년 동안이나 '최고회의 의장'으로 머물면서 상황을 충분히 정리한 후인 1963년에야 대통령 자리에 올랐다. 박 대통령은 집권 18년 동안 때로는 사자처럼, 때로는 소처럼 강온 양면적인 모습으로 군인과 농사꾼의 두 얼굴을 보여주었다.

김대중 대통령은 어떤가? 정치적으로 군사정권에 목숨을 걸고 투쟁했지만, 인간적으로는 소심하고 겁 많은 보통 사람이라고 스스로 고백했다. 그는 공석에서는 대중 연설이 뛰어난 웅변가였지만, 사석에서는 말하기보다 듣기를 좋아하는 사색가형이다. A형은 따뜻하고 인간적인 면이 있는 탓인지, 헌혈을 가장 많이 하는 사람들이었다. A형의 단점은 예민하고 비판적이며, 때로는 우유부단한 면이 있다.

국제적으로 널리 알려진 권력자 중에는 트럼프 대통령이 '한 번 마이크를 잡으면 놓지 않는다'는 A형이다. 트럼프 대통령은 감성이 풍부하고 과민 반응을 하며 계산적이라는 A형의 특징이 잘 나타난다. 외모만 보면, 키 192센티미터에 체중 107킬로그램의 육중한 체구와 거침없는 언행이 O형처럼 보이는 A형이다.

전형적인 A형의 특징을 보이는 권력자로는 미국의 닉슨 대통령, 러시아의 푸틴 대통령, 구소련의 독재 스탈린, 독일의 메르켈 총리가 있다. 이들은 누가 보더라도 알아맞출 수 있을 만큼 A형의 특징이 두드러진 권력자들이다. A형은 신중하고 치밀한 지략가이 많은데, 정보기관과 관련이 있거나 정보 정치를 했던 닉슨, 푸틴, 스탈린이 해당한다.

정보 통제의 극치를 달렸던 북한의 김정일, 김정은 부자도 A형이다. 어느 분야보다 치밀하고 꼼꼼한 성격이 요구되는 바둑계의 천재 조훈현, 이창호도 둘 다 A형이었다.

AB형 권력자: 노태우, 김영삼, 오바마, 빌 게이츠, 이건희

우리 주변에는 '전혀 다른 듯 같은 사람'이 있다. AB형 혈액형인 노태우, 김영삼 대통령이 그렇다. 두 대통령은 겉으로 보면 전혀 다른 스타일이지만 조금만 들여다보면 비슷한 점이 많다. 우선 AB형의 주된 특징은 천재와 둔재의 양극단을 넘나든다는 점이다. 노태우는 곰처럼 매사에 느긋한 성격이지만 육사 생도 시절 100미터 단거리 대표 선수였다. 또 술을 전혀 마시지 않는 것 같지만, 한번 마셨다 하면 끝이 없었다. 선거 체질이 아니라며 6·29 직선제에 반대하더니, 막상 선거가 실시되자 파격적인 변신을 시도해 세 명의 김 씨를 이겼다. 재임 중에는 과감한 민주화 조치와 혹독한 군사정권의 행태를 동시에 보여주었다. 극과 극을 부드럽게 넘나든 것이다.

김영삼은 호방한 성격과 밀어붙이는 추진력이 O형에 가까워 보이지만 AB형이다. 그에게 '천재성과 둔재성의 편차가 심하다'는 AB의 특성이 있다. 정치에는 천재적이었지만 경제에는 둔재처럼 보였다. 오랜 야당 투사로 있다가 어느 날 갑자기 여당 대표로 변신하기도 했다. AB형은 또 냉철함, 예리함, 합리성, 계획성이 있다. AB형의 단점으로는 이중성과 의외성, 엉뚱함이 있는데, 이는 노태우, 김영삼 두 사람에게 잘 나타났던 부분이다.

오바마 대통령은 차분함과 예리함을 동시에 갖춘 AB형이다. 그는 외교 정책에서 평화주의자이면서도 필요하면 과감하게 공격하는 강온 양면성이 있었다.

AB형은 흔히 '사업가형'이기도 한다. 기발한 아이디어와 창의력이 있는 사람들이 여기에 해당된다. 미국과 한국의 CEO를 각각 대표하는 빌 게이츠와 이건희 두 명 다 AB형이다. 이런 사람들은 상상력이 풍부하고 엉뚱한 측면도 있어서 비즈니스 세계에 적합하다.

O형 권력자: 이승만, 노무현, 힐러리, 처칠, 맥아더, 정주영

흔히 사자나 호랑이형으로 불리는 O형 대통령은 누구일까? 이승만, 노무현 대통령이다. 두 사람 다 전형적인 O형 성격을 보여준다. O형 혈액형은 적극성, 활동성, 용감무쌍함, 호탕함, 권력의지, 강한 자기주장과 같은 외향적 성격이 두드러진 혈액형이다. "나를 따르라!"라고 외치는 나폴레옹의 선동가 스타일이다.

이승만 대통령은 '우리나라 최초의 대중 연설가'라고 불릴 만큼 대중 연설이 뛰어났다. 30여 년간 해외를 떠돌며 독립운동을 할 때도 언변으로 외국인의 마음을 사로잡았다. 대통령이 된 뒤에는 공·사석에서 말하기를 좋아했고 분위기를 주도했다. 내각회의에서 대통령인 자기보다 더 말을 많이 하고, 말을 더 잘하는 장관은 나중에 퇴출시켰다는 일화가 있다.

노무현 대통령은 여러 방면에서 O형 스타일을 유감없이 보여주었다. 임기 5년 동안 숱한 설화(舌禍)에서 알 수 있듯이 자기주장이 강하고 거침이 없었다. 자신이 옳다고 믿는 소신에 대해서는 어떤 장애물도 두려워하지 않았다. 혈액형 심리학에 의하면, O형은 화가 나면 물불을 가리지 않고 남에게 지기 싫어하며 공격적이고 다혈질이라는 단점이 있다. 미국에서는 배짱 두둑하고 쇼맨십이 뛰어난 레이건 대통령이 O형이다.

O형 하면 헌신적이고 공격적인 보스형이자 과격한 선동가형을 연상시킨다. 대체로 체격도 크고 배짱도 두둑한 영웅 스타일이다. 국제적으로 O형 권력자를 찾아보면 영국의 처칠 수상, 미국의 레이건 대통령, 맥아더 장군, 구소련의 고르바초프 대통령이 있다. 공교롭게도 네 사람은 모두 체격도 크고, 성격도 호탕해서 O형의 전형을 보여주었다. 처칠, 레이건, 맥아더는 대외 정책에서 얼마나 공격적인 위인들인가? 처칠은 제2차 세계대전에서 독일 공격을, 레이건은

냉전 시대에 동구 공격을, 맥아더는 한국 전쟁에서 북한과 중공군 공격을 진두지휘했던 인물들이다.

나는 90년대 초반에 서울 하얏트호텔에서 고르바초프 대통령과 단독 인터뷰를 한 적이 있었는데, 그는 자신감과 에너지가 펄펄 넘쳤다. 부드러우면서도 호탕한 모습에서 '강렬한 아우라'가 느껴졌다. 대한민국 불도저형 CEO의 원조로 불리는 현대그룹 고(故) 정주영 회장은 외모도 언행도 전형적인 O형이다. 1998년에 소 떼 1,000마리를 몰고 판문점을 넘어 북한으로 간 것은 정주영만이 할 수 있는 일이었다.

B형 권력자: 문재인, 박근혜, 전두환, 이명박, 시진핑, 아베

일본의 스즈키 요시마사는 저서 《혈액형 심리학 B형》(2008)에서 B형 인간을 '자유를 노래하는 보헤미안'이라고 표현했다. B형은 자기 주관과 자아의식이 강해서 얽매이지 않는 영혼이라고 한다. 자기 주관, 자아의식이라면 문재인 대통령을 빼놓을 수 없다. 자기 소신, 자기 철학, 자기 사람에 대한 의지가 확고하다. 그는 히말라야 등반을 좋아하고, 공수부대에서 최우수상을 받았으며, 옥중에서 사법 고시에 합격하는 등 인생 역정은 결코 평범하지 않았다.

B형에게는 또 강인한 보스 기질과 소심한 참모 기질이 동시에 있다. 문 대통령이 노무현 정부에서 청와대 민정수석과 비서실장을 맡은 것을 보면 참모 기질이 있고, 대통령에 당선된 것을 보면 리더 기

질도 있다. 집권 3년차인 문 대통령의 국정 운영 스타일을 보면, 리더와 참모의 기질이 뒤섞여 있다. 소득주도성장, 패스트트랙, 남북 관계에서 적극적인 태도를 보이다가 대야 관계에서는 소극적인 태도를 보이기도 한다.

B형의 주된 특징은 낙천적이고 개성이 강하다는 점이다. 문재인 대통령이 정치에 입문한 이후의 리더십을 보면, 의외로 낙천적이고 개성이 뚜렷하다. 일본의 혈액형 전문가 노미 도시다카에 의하면, B형인 사람이 노래방에 가면 탬버린을 치면서 장단을 잘 맞추어 준다. 문 대통령은 소통과 통합을 위해 B형의 특징인 창조성과 예술성을 더 많이 발휘할 필요가 있다.

B형 사람에게 가장 눈여겨볼만한 특징은 '자기만의 세계를 구축한다'는 점이다. 문 대통령은 정부 인사와 정책 추진, 대야 관계에서 견고한 자기만의 아성을 쌓아놓고 있다. 적절하면 자신을 보호해주지만, 너무 높으면 자신을 가로막는다. 참고로 김정숙 여사는 감성이 풍부한 A형이다. 이성적인 문재인과 감성적인 김정숙 부부는 환상의 커플이다.

자기만의 아성이 너무 높아서 몰락한 사람이 박근혜 대통령이다. B형의 단점이 극명하게 나타났던 박 대통령은 마치 바벨탑이나 나바론 요새처럼 너무나 높은 요새를 만든 나머지 안으로 들어갈 수도 없고 밖으로 나올 수도 없는 처지가 되고 말았다. 그게 바로 불통(不

通)의 벽이다. 국민들은 박 대통령이 공포 영화처럼 으스스한 청와대 관저에서 최순실 일당과 은밀하게 수군거리는 장면을 상상했다. 2017년 3월 10일 헌법재판소에서 탄핵 심판을 받았을 때도 청와대 관저에서 이틀 동안 '자기만의 세계'에 푹 파묻혀 있었다.

B형의 또 다른 특징은 '모든 일에 신경을 쓴다', '자극이 오면 곧장 예민하게 반응한다'는 것인데, 이는 박 대통령의 성격과 비슷하다. 박 대통령은 '수첩 공주'라는 별명처럼 매사에 꼼꼼했고, 김무성, 유승민 의원에게 과민 반응을 보였다. 자연히 대통령 주변에는 김기춘 비서실장과 문고리 3인방처럼 '예스맨'들만 포진했다. B형의 장점은 창조성인데, 박 대통령이 국정 기조로 줄곧 '창조경제'를 강조했던 점이 공교롭다.

다만 B형의 특징 중에는 '사교적이고, 소탈하며, 다른 사람들을 잘 돌봐주는 성격'이 있다. 이 대목은 박 대통령의 성격과 다르다. 왜 그럴까? 혹시 박 대통령은 원래 사교적이고 소탈한 성격이었는데, 부모의 피살, 급격한 환경 변화, 장장 36년간의 칩거 생활을 겪으며 자기도 모르게 성격이 변해버린 것은 아닐까?

B형은 사교적이고 개성이 뚜렷하며 낙천적이고 결단이 빠른 점이 주된 특징인데, 전두환, 이명박 두 사람이 그렇다. 전 대통령은 친화력이 뛰어나고 사교적이어서 하나회 같은 군대 내 사조직을 이끌어나갔고, 덕분에 10·26과 12·12, 5·18과 같은 상황에서 신속하게 결단을 내려 권력을 찬탈했다. 전두환처럼 개성이 뚜렷한 것도 B

형의 특징이다. B형은 바람처럼 떠도는 유랑자 기질도 있는데, 전 대통령의 애창곡 가운데 하나가 〈방랑시인 김삿갓〉인 점이 공교롭다.

B형의 특징은 '속전속결'이다. 이명박 대통령은 기업 CEO 시절에 단기간에 승승장구했고, 정치 입문 뒤에도 국회의원, 서울시장, 대통령의 길을 빠르게 달려갔다. 전형적인 대세 주도형 정치인인 이 대통령은 목표 달성을 위해서는 과감히 과정을 무시하는 불도저 스타일이다. 재임 중에 4대강 사업처럼 빠른 정책 결정을 내렸지만, 그 방향성에 대해서는 문제가 많았다. 변덕스럽고 가볍다는 B형의 단점이다.

국제적으로 B형 권력자로는 중국의 시진핑 주석과 일본의 아베 총리가 있다. 두 사람은 차를 잘 몰지만 운전 도중에 한눈을 팔고, 겉으로 부드러워 보이지만 속으로는 강한 외유내강형인 B형의 특징이 있다.

B형은 개방적이고 자유분방한 특징이 있어서인지 대한민국 100대 최고 경영자 가운데 가장 많은 혈액형이다. B형인 LG그룹의 고(故) 구본무 회장은 틀에 박힌 것을 싫어해서 해외 입출국때 귀빈실을 마다하고 일반실을 드나들었다고 한다. 그런가 하면 B형에게는 방송인 이영자처럼 낭만적인 예술가 기질도 있다.

앞에서 권력자들의 4가지 혈액형 유형을 분석하다 보니, 4가지 참모 유형을 분석한 듯한 느낌이 든다. '권력자'를 '참모'로 바꾸어 A형 참모, AB형 참모, O형 참모, B형 참모로 분류해도 무리가 없을

- **A형**: 참모형/지략가형(박정희, 김대중)

  장점: 내성적, 온화함, 세심함, 풍부한 감수성

  단점: 과민반응, 우유부단, 비관적, 계산적

- **AB형**: 아이디어맨/양 극단형(노태우, 김영삼)

  장점: 냉철함, 예리함, 합리성, 계획성

  단점: 이중성, 의외성, 엉뚱함, 천재와 둔재의 극단

- **O형**: 보스형/선동가형(이승만, 노무현)

  장점: 활동성, 적극성, 강인함, 용감무쌍함, 호탕함, 권력의지

  단점: 고지식, 맹목적, 무데뽀, 다혈질, 공격성

- **B형**: 예술가형/낭만파/외유내강형(문재인, 박근혜, 전두환)

  장점: 사교적, 낙천적, 개성적, 창조성, 예술성

  단점: 변덕스러움, 가벼워 보임

것 같다. 참모의 유형이나 역할 같은 것에 대해서는 나의《참모론》
(2009)에서 상세히 다루고 있다.

당신은 A형 인간인가,
O형 인간인가?

혈액형 순서가 중요하다!

여기서 잠깐, 중요한 팁(Tip) 하나를 말하려 한다. 당신이 혈액형
별 성격을 좀 더 쉽고 빠르게 구분하기를 원한다면, 혈액형별 분류
순서를 제대로 알아야 한다. 혈액형 분류 순서는 정말 중요하다! 즉,
당신이 지금까지 혈액형을 구분할 때, A형, B형, O형, AB형 순서로
분류했다면, 이제부터 A형, AB형, O형, B형의 순서대로 분류하기
바란다. 그래야 A형은 AB형과 비슷하고, O형은 B형과 비슷하다는
사실을 쉽게 기억할 수 있다.

A형 인간＝A형＋AB형, O형 인간＝O형＋B형

A형은 AB형과 유사한 부분이 많고, O형은 B형과 유사한 부분이 많다. 따라서 A형과 AB형을 묶어 'A형 인간'이라고 부르고, O형과 B형을 묶어 'O형 인간'이라고 부를 수 있다. 후루카와는 《혈액형과 기질》이라는 책에서 A형과 AB형은 대체로 내향적이어서 비슷하고, O형과 B형은 대체로 외향적이어서 비슷하다고 주장했다. 따라서 모든 사람은 'A형 인간'과 'O형 인간'으로 양분할 수 있다.

그렇다면 2022년 5월 대선 때는 어떤 혈액형의 지도자가 대통령이 될까? 섣부른 대답일지 모르지만, 'O형 인간'이 좀 더 유리하다고 본다. 왜? 문재인 대통령이 A형 인간이어서 다음 대통령은 반대되는 O형 인간이 국민적 지지를 받을 가능성이 높다. 대선 때마다 작동하는 순환 주기론-시대정신, 대중심리-에 의하면, 차기 대통령은 현직 대통령과 다를수록, 반대일수록 유리하다. 일종의 '차별화 현상'이라고 할까?

여기서 'O형 인간'이란 꼭 O형 혈액형을 가진 사람이 아니라 O형의 특징을 가진 사람을 의미한다. 어떤 혈액형을 가진 사람이든 상관없이 O형처럼 '밝고 열린 리더십'을 보여주면 'O형 인간'이다. 혈액형이 O형인데도 '어둡고 닫힌 리더십'을 가진 사람은 'O형 인간'이 아니다. 차기 주자들은 자기 혈액형에 신경 쓰지 말고, 'O형 인간의 밝고 열린 리더십'을 갖추도록 노력하기 바란다.

다음 대통령은
이런 혈액형이 당선된다

A형: 이해찬, 황교안, 정동영, 홍준표, 유시민, 박원순
AB형: 손학규, 안철수, 김무성, 김경수

차기 대권 주자와 정치지도자들의 혈액형을 알아보기 전에 다시 강조하고 싶다. 어떤 혈액형을 가졌느냐가 중요한 게 아니라 어떤 혈액형의 모습을 보여주느냐가 중요하다. 앞에서 강조했듯이 차기 주자의 혈액형 순서는 A형, AB형, O형, B형의 순서대로 하겠다.

눈치 빠른 사람이라면 황교안 대표가 A형임을 금방 알아맞힐 수 있다. 차분하고 온화하되 치밀하다는 A형 중에는 법학을 공부하고 공무원 생활을 오래한 사람들이 많다. 황 대표에게는 의외로 적극적인 성향도 있다. 학창 시절에 학생회장이었고, 색소폰을 즐겨 불고

테니스가 수준급이라고 한다.

이해찬 더불어민주당 대표는 지략가형에게 많이 볼 수 있는 A형이다. 정동영 민주평화당 대표에게는 섬세하고 감성적인 A형 특유의 분위기가 물씬 풍긴다. 홍준표 전 대표는 부지런하지만 꼼꼼해서 스트레스를 많이 받는다는 A형이다. 스트레스를 유난히 많이 받아서 그토록 강한 말이 나왔던 것일까? 유시민 이사장은 참모형과 지략가형의 특징이 두드러지는 A형이다. 그의 방송 활동을 보면, 공격적인 면도 보이지만 전반적으로는 감성적이고 섬세한 면도 있다. 박원순 서울시장은 인간적으로 온화하고 성실하며 내성적인 A형이다.

안철수는 아이디어가 많고 천재성이 있으나 때로는 몽상가 기질이 있다는 AB형이다. 혹자는 그의 정치력을 비판하지만, 그가 한국 정치에 변화의 바람을 몰고 왔던 것만은 사실이다. 손학규 바른미래당 대표와 김무성 전 대표는 합리적이고 계획적이지만 가끔 의외의 행동을 한다는 AB형이었다.

여기서 한 가지 흥미로운 사실은 역대 경남지사들의 대권도전이다. 희한하게도 초대 민선 경남지사인 김혁규를 시작으로 김태호, 김두관, 홍준표 전 경남지사까지 역대 경남지사가 모두 대권도전에 나섰다. 이 가운데 김혁규, 김두관, 홍준표 3명이 임기 도중에 그만두고 출사표를 던졌다. 만약 김경수 지사가 다음 대선에 나선다면, 역대 경남지사 5명이 전원 대권에 도전하는 셈이다. 이런 경우는 서울시장과 경기지사 역사에서도 찾아볼 수 없는 유일무이한 경우다.

O형: 이낙연, 김문수

B형: 정세균, 심상정, 나경원, 이재명

이낙연 총리는 활동적이고 적극적이며 권력의지가 강한 O형이다. 현직 총리라는 신분 제약 때문인지 마치 A형처럼 신중하고 절제된 모습을 보여주고 있다. 만약 이 총리가 대권 경쟁에 뛰어들 경우, O형 본래의 특징을 보여줄지 궁금하다. 요즘 '태극기 부대'로 불리는 우파 진영의 선봉에 나선 김문수 전 경기지사도 O형이다.

정세균 전 국회의장은 낙천적이고 대인관계가 원만한 특성이 있는 B형이다. 심상정 정의당 의원에게는 사교적이고 낙천적이며 개성이 뚜렷한 B형의 특징이 잘 나타난다. 나경원 자유한국당 원내대표는 개성이 강하고 예술성, 창조성이 있는 B형이다. 이재명 경기지사에게는 사교성이 아주 강하고 낭만적이며 예술적인 측면도 두드러지는 B형의 특징이 뚜렷하다. B형 사람들이 조심해야 할 것은 자칫하면 가볍게 보일 수 있다는 점이다.

자, 당신은 차기 대권 주자들의 혈액형 특징과 성격이 비슷하다고 생각하는가? 앞에서 언급했지만, 혈액형 심리학은 중요한 판단 자료는 아닐지 모르지만 중요한 참조 자료는 될 수 있다고 본다.

당신의 '피'를 바꿀 수 있다

과거 20세기의 권위주의 시대나 군사정권 시대에는 강한 O형 인간이 적합했다. 이들은 위풍당당한 기세로 '나를 따르라!', '안 되면 되게 하라!'라고 외치는 보스 스타일이었다. 요즘 이런 방법은 통하지 않는다. 오늘날 21세기 민주화, 개방화 시대에는 A형 인간이 바람직하다. 이들은 겸허한 자세로 "우리 함께 갑시다!"라고 호소하는 참모 스타일이다. 가정이든 회사든 권력 기관이든 A형 인간이 호평을 받는 시대가 왔다. 하지만 세상일이 그렇듯이 때로는 위험을 무릅쓰고 돌격해야 할 때도 있고 안 되면 되게 해야 할 때도 있다. O형 인간이 절실히 필요할 때가 많다는 얘기다. 어떻게 해야 하나?

A형 인간은 자신의 장점은 잘 발휘하되, O형 인간의 장점을 배우고, 역으로 O형 인간은 자신의 장점을 잘 발휘하되 A형 인간의 장점을 벤치마킹하기 바란다. A형 인간은 사고력이 뛰어나고, O형 인간은 행동력이 뛰어나다. 따라서 A형 인간처럼 생각하고 O형 인간처럼 행동한다면 성공할 가능성이 한층 커질 것이다. 그게 어렵다면 방법은 또 있다. A형 권력자는 O형 참모를 곁에 두고, O형 권력자는 A형 참모를 곁에 두기 바란다. 자신의 단점을 보완할 수 있을 것이다.

2022년 대선을 준비하고 있는 미래 정치 지도자들은 이러한 혈액형 원리를 활용하기 바란다. 당신은 A형 대권 주자인지, O형 대권 주자인지를 자가 진단한 뒤에 앞에서 설명한 혈액형 원리를 적용하기 바란다. 확실한 것은 다음 대선에서는 밝고 화통한 O형 분위기를 연출해야 유리하다는 점이다. 대선 때마다 어김없이 나타나는 순환 주기론에 의하면, 문재인 대통령이 A형 분위기이기 때문에 다음 대선에서는 O형 분위기가 유리하다.

President's
psychology

5장

장남처럼
생각하고
막내처럼
행동하라

설로웨이 박사의
출생 이론

형만 한 아우가 없다?

우리 속담에 '형만 한 아우 없다'는 말이 있다. 형의 마음 씀씀이가 아무래도 아우보다 낫다는 뜻이다. 형들이 듣기는 좋겠지만, 동생들에게는 거슬릴 법하다. 나는 장남이기 때문에 이 말이 싫지는 않지만, 이 말을 현대적으로 해석하고 싶다. 형만 한 아우가 없다는 말은 곧 '형과 아우는 다르다'는 뜻으로 해석하면 어떨까? 나와 내 동생과의 관계를 보더라도 심리적, 성격적, 기질적으로 분명한 차이가 있다. 다시 말해 장남의 피가 따로 있고 막내의 피가 따로 있었다. 그렇다면 장남, 차남, 막내에 따라 정치 스타일은 어떻게 다를까? 이러한 형제 관계를 수십 년간 연구해온 세계적인 학자가 있

○

다. 미국의 사회학자이자 진화생물학자인 프랭크 설로웨이(Frank J. Sulloway) 캘리포니아대 교수이다.

설로웨이 교수는 정치학과 발달심리학, 진화심리학을 접목한 형제 관계 이론을 토대로 "출생 순서가 개인의 성격뿐만 아니라 사회적 지위, 나아가 정치 스타일에도 많은 영향을 끼친다"고 주장했다. 설로웨이는 30여 년에 걸쳐 종교개혁 등 역사적 사건 121개, 그리고 진화론 등 400여 년 동안에 이루어진 28가지 과학 논쟁과 관련된 인물 6,500여 명의 전기적 자료를 분석하여 1996년에《타고난 반항아(Born to Rebel)》라는 저서를 펴냈다. 정말 기발하고도 방대한 연구이다. 1장에서 말한 음식 이론도 그렇지만 형제 관계 이론도 흥미롭고 독창적이다. 나는 설로웨이 교수의 이론을 한국 대통령에게 적용해보았다.

코페르니쿠스, 찰스 다윈, 아인슈타인의 출생 심리학

설로웨이 교수는 25년간 가족 내 출생 순서와 성격 사이의 상관관계를 연구하면서 흥미로운 사실을 발견했다. 현대사에서 정치와 과학 분야의 변혁은 대부분 장남이 아닌 동생들에 의해 주도되었다는 사실이다. 그는 400여 년에 걸쳐 2,800여 명의 과학자들이 어떤 입장을 취했는지를 조사했다. 조사 결과, 1543년 코페르니쿠스가 지동설을 주장하는 책을 발간하고 죽은 이후부터 1609년까지 진행

된 논쟁에서 큰아들로 태어난 과학자들(장남)은 22%만이 지동설을 지지한 반면에 아우로 태어난 과학자들(차남, 막내)은 무려 75%가 지동설에 찬성했다. 장남보다 3배 이상 더 많은 막내나 중간자들이 개혁적인 지동설을 주장한 것이다.

찰스 다윈이 주장한 진화론에 대한 논쟁(1859~1870)에서도 장남 과학자들의 20%, 막내나 중간자 과학자의 61%가 다윈의 입장을 옹호했다. 장남보다 역시 3배 이상 더 많은 막내와 중간자들이 개혁적인 진화론을 옹호한 것이다. 아이슈타인의 상대성이론을 놓고 20여 년간 진행된 논쟁(1905~1927)에서는 장남 과학자의 30%, 동생으로 태어난 과학자의 76%가 상대성이론을 받아들였다. 장남보다 2배 이상 더 많은 막내와 중간자들이 개혁적인 상대성이론을 지지한 것이다. 대륙이동설은 1967년 논쟁이 마무리될 때까지 장남 과학자들은 36%만이 지지했지만 장남이 아닌 과학자들은 68%가 지지한 것으로 확인됐다. 개혁적인 대륙이동설을 믿는 사람들 역시 장남보다 막내나 중간자들이 2배 이상 많았다.

정리하면, 지동설, 진화론, 상대성이론, 대륙이동설처럼 새롭고 혁명적인 이론에 대해 막내나 중간자들이 장남보다 평균 2배 이상 긍정적인 입장을 취했다. 설로웨이 교수는 사람의 나이, 성별, 학력, 가정환경, 종교, 건강 상태, 부모의 연령 등 수많은 변수 중에서 출생 순서가 가장 영향력이 크다고 주장했다. 세상을 살아가는 데 장남이냐, 막내냐, 중간자냐 하는 것이 가장 중요하다는 것이다. 당신은 동의하는가? 설로웨이 교수는 빅 파이브(Big Five)라는 5가지 특질을 기준으로 '장남 스타일'과 '막내 스타일'을 구분했다. 그중에서 가장 중요한 기준은 외향성과 내향성 여부, 친화성과 배타성 여부, 성실성과 정서 안정성 여부다. 즉, 장남은 내향성, 배타성, 안정성이 두드러지고, 막내나 중간자들은 외향성, 친화성, 성실성이 두드러진다.

결론적으로 막내나 중간자 가운데 혁명가, 개혁가, 반항아가 많은 반면에 장남 가운데 보스, 관리자, 기득권자가 많다고 해석할 수 있다. 막내나 중간자들이 '세상을 바꾸는 사람'이라면, 장남은 '바꾼 세상을 관리하는 사람'이다. 어느 쪽이 낫다고 단정하기 어렵고, 어느 한쪽만으로 살아가기도 어렵다. 양쪽의 특정을 잘 파악해서 삶의 지혜로 삼아야 한다. 나는 이 이론을 공부한 뒤부터 나 자신을 돌아보고 '특이한 사람'이 있으면, 그가 장남인지 막내인지 알아본다. 당신은 장남인가, 막내인가?

형님 먼저, 아우 먼저

사실 설로웨이 교수보다 훨씬 더 오래전에 형제 관계에 주목한 사람은 프로이트이다. 프로이트는 어머니, 아버지, 형, 누나 등 가족 관계를 심리학적으로 분석하여 오이디푸스콤플렉스, 엘렉트라콤플렉스와 같은 다양한 심리 이론을 제시했다. 가족 관계가 성격에 어떤 영향을 미치는지, 훗날 성인이 된 이후의 삶에 어떤 영향을 미쳤는지를 분석한 것이다. 우리나라에서 형제 관계만 학문적으로 연구한 책은 찾아보기 어렵다.《대한민국에서 장남으로 살아가기》(2004)라는 책은 한국 사회에서 남아 선호 현상 등으로 부담을 짊어지고 살아가는 장남의 애환을 담았다.

뒤늦게나마 형제 관계의 중요성을 인식한 것일까? 한 종편 방송국은 '멀어진 형제자매의 끈을 이어주겠다'면서 방송인 강호동을 MC로 내세운 예능 프로 〈브라더 시스터〉를 2019년 5월부터 방영하기 시작했다. 이 프로를 보면 장남과 막내, 중간자의 차이를 느낄 수 있다. 이 프로의 MC인 강호동은 장남일까, 막내일까? 두말할 것도 없이 그는 2남 3녀 중 막내아들이다. 혈액형은 O형, 183센티미터, 100킬로그램이 넘는 체구인 강호동은 방송에서 '막둥이 끼'를 유감없이 보여주고 있다.

장남=온건파 왕,
막내=강경파 혁명가

형의 양보, 동생의 반란?

형은 단순하고 우직한 성격이었지만, 동생은 치밀하고 악착같은 성격이었다. 동생은 어머니와 짜고 형으로부터 장남의 권한을 몰래 빼앗아 달아났다. 동생은 도망친 곳에서도 머리를 굴려 아내도 얻고 재산도 얻었다. 머리 회전이 빠르고 수완이 좋았던 동생은 이미 태어날 때부터 형의 발뒤꿈치를 붙잡고 나올 만큼 악착같았다. 동생은 '나쁜 동생'이었지만 하나님께 용서를 구한 덕분에 '우직한 형'을 제치고 많은 것을 얻어냈다. 형은 나중에 동생을 용서한다. 성경에 등장하는 형 에서와 동생 야곱 이야기를 보면, 형과 동생의 차이가 잘 보인다.

우리 역사에는 '동생의 반란'과 관련된 이야기가 자주 등장한다. 조선왕조 500년 역사에서 27명의 왕 가운데 9명만 장남이었고, 나머지 16명이 막내이거나 중간자였다. 조선 시대에는 장남이 왕위를 계승한다는 점에서 16명의 왕이 비정상적인 상황에서 왕위에 올랐다. 조선 1대 왕인 태조 이성계의 왕위 계승권을 둘러싸고 일어난 '왕자의 난'도 사실은 '동생들의 난'이었다. 이성계의 다섯째 아들 방원(芳遠)이 계비 소생의 둘째 아들 이방석(芳碩)과 넷째 아들 이방간(芳幹)을 죽이고 왕권을 쟁취했다. 동생이 두 명의 형을 죽이고 왕위에 오른 것이다.

조선 건국 초기부터 동생들의 반란이 일어난 탓인지, 이후 조선의 왕권은 주로 동생들에게 넘어갔다. 태종의 셋째 아들(충녕대군)은 장남(양녕대군)이 왕위를 양보한 덕분에 왕위에 올라 세종대왕이 되었고, 세종대왕의 둘째 아들은 조카인 단종을 죽이고 왕위를 빼앗아 세조가 되었다. 만약 조선왕조의 왕권이 순리대로 장남들에게 계승되었다면, 태평성대를 누릴 수 있었을까? 알 수 없는 일이다.

21세기 대한민국 재계에서도 동생들의 반란이 자주 눈에 띈다. 삼성 이건희 회장은 6남매(3남3녀) 중 넷째로 태어났지만 위로 두 형을 제치고 대업을 이어받았다. 이후에도 형들의 반격이 계속됐지만 제압했다. 롯데 그룹의 신동주, 신동빈 형제는 2018년 위험한 고소·고발전을 벌였는데 결국 동생이 주도권을 잡았다. 흔히 장남은 온건파이기 때문에 좌우를 살피다가 기회를 놓치지만, 막내는 강경파이

> **장남 vs 막내, 중간자의 차이**
>
> - **장남**: 안정감, 우월감, 자제력, 여유로움, 부드러움, 방어적, 온건 보수, 군주
> - **막내, 중간자**: 도전 의식, 열등감, 사교적, 모험, 과격, 공격적, 강경 진보, 혁명가

기 때문에 앞뒤 안 보고 밀어붙여 기회를 잡는다고 한다. 당신은 어느 쪽인가?

설로웨이 교수에 의하면, 장남에게는 자신감, 자기주장, 패기만만함, 부드러움과 같은 '온건한 지도자 기질'이 두드러지게 나타난다. 반면에 막내나 중간자에게는 반론 제기, 사교성, 모험, 과격함 등 '급진적인 혁명가 기질'이 두드러졌다. 장남은 태어날 때부터 우월적 위치에 있기 때문에 기존 위치를 지키려고 방어적, 보수적 성향이 강한 편이다. 반면에 막내는 형제자매 중에서 가장 위치가 낮기 때문에 항상 다른 사람을 추월하려고 애쓰는 야심적, 공격적 성향이 강하다. 요컨대, 형=방어적 온건파, 동생=공격적 강경파라는 것이 설로웨이 교수의 주장이다.

장남의 비정치적인 금연 운동 vs
막내, 중간자의 정치적인 정당 활동

장남과 막내는 왜 다를까? 우선 부모와의 관계 때문이다. 설로웨이에 의하면, 부모는 장남에게 더 많은 투자를 하고 장남은 그런 관

계가 오래 유지되기를 바라기 때문에 보수적인 성향을 갖게 된다. 반면에 동생은 상대적으로 잃을 것이 적기 때문에, 변화를 추구하고 모험적, 진보적인 성향을 갖게 된다. 그래서 장남은 보수적이고 현상 유지를 원하며 새로운 아이디어를 배척하는 성향이 강한 데 비해, 막내나 중간자들은 모험을 즐기고 급진적인 경향이 있다. 장남은 금주·금연 운동과 같은 보수적인 '도덕 운동'에 참여하는 비율이 높은 반면, 막내나 중간자들은 정당 참여 같은 진보적인 '정치 운동'에 참여하는 비율이 높다는 게 설로웨이의 주장이다. 장남은 도덕 운동을, 막내는 정치 운동을 할 가능성이 높다고? 우리나라 국회의원들의 형제 관계를 조사해보면 흥미로운 결과가 나올 것 같다.

일본의 정신과 의사인 후카호리 모토후미는 형제간에 성격이 다른 이유를 조금 다르게 설명했다. 모토후미에 의하면, 자녀에 대한 부모의 접근 방식이 다르고, 형·동생·누나라는 호칭을 통한 역할 분담 의식 때문에 장남과 막내, 중간자들의 성격이 달라진다고 보았다. 즉, 부모는 장남에게 "어서 빨리 자랐으면 좋겠다"라고 기대하는 반면, 막내나 중간자에게는 "(귀여워서) 언제까지 어린아이 상태로 있었으면 좋겠다"라는 생각을 갖는다고 한다. 부모의 이런 태도 때문에 장남은 어른스러운 태도를 보이고, 막내나 중간자는 어린이 같은 태도를 보인다.

나는 4남매(2남 2녀) 중 장남이다. 위로 누나가 둘이나 있지만 부모님은 늘 장남인 나를 먼저 챙겼다. 어머니는 성인이 된 나를 부를 때도 "장남!"이라고 불렀다. "장남! 우리 장남이 잘되어야 우리 집안이 편할 텐데…"라는 식의 말을 들으며 자랐다. 그런 말을 들을 때마다 어머니의 각별한 사랑과 무거운 부담감을 동시에 느끼곤 했다. 그런 부모의 편애에 대해 다른 자식들은 은근히 못마땅해했다. 옛날에는 그런 가정이 많았다.

모토후미에 의하면, 장남은 주변에 웃어른들이 많기 때문에 조심스럽게 자제력을 보일 수밖에 없는 반면에, 막내는 손위 형제와 싸워 이겨야 하기 때문에 도전적이고 자기 과시력을 나타낼 수밖에 없다. 그래서 장남=자제력, 막내와 중간자=전투력이 돋보인다고 한다. 그렇다면 우리나라 대통령들의 형제 관계와 성격은 어떨까?

형제 관계로 보는 한국 대통령들의 리더십 스타일

장남, 장녀: 문재인, 박근혜, 노태우

외아들: 김영삼, 이승만

문재인 대통령은 장남일까, 막내일까? 당신은 질문을 받자마자 곧바로 알아맞출 것이다. 맞다. 장남이다. 그것도 전형적인 장남 스타일이다. 문 대통령은 5남매(2남 3녀) 중 장남으로 태어났다. 아래로 남동생 1명과 여동생 3명을 데리고 어린 시절을 보냈다. 설로웨이에 의하면, 장남은 안정감, 우월감, 자제력, 여유로움, 부드러움, 방어적, 온건파의 특징이 있는데, 이는 문 대통령의 성격이나 국정 운영 스타일과 비슷하다.

문재인의 장남 스타일은 어릴 때부터 잘 나타난다. 초등학교 때

칼로 팽이를 깎다가 다쳐 손가락에서 피가 철철 흘러도 부모에게 말하지 않고 꾹 눌러 참았다. 아마 막내였다면 엉엉 울고불고 난리를 쳤을 것이다. 문재인은 학창 시절에 자신의 모습을 자서전에서 이렇게 회고했다. "선생님이 질문을 하면 다른 학생들은 손을 들었지만 나는 시키면 마지못해 대답했다. 키도 작고 몸도 약해서 남의 눈에 띄지 않았다. 아주 내성적이었다." 초등학교 때 성당에서 배급받는 일도 스스로 '장남 노릇'이라고 표현했다. 대학 입시 때는 사학과에 꼭 가고 싶었지만 부모의 권유로 두말하지 않고 법학과에 진학했다. 아마 막내였다면 억지를 써서라도 하고 싶은 전공을 택했을 것이다.

특전사 시절에는 낙하산 훈련을 워낙 잘해서 다른 병사들의 낙하산 훈련을 대신해주기도 했다. 수중 폭파 훈련과 화생방 훈련에서 두각을 나타낸 것도 잘 참고 견디는 장남 스타일이다. 당시 구타가 만연했던 특전사에서 문재인은 절대 구타를 하지 않았다는 점도 돋보인다. 군 생활을 워낙 잘하자 선임하사가 문재인에게 "군대에 못 박으라"고 권유했다는 대목에서는 웃음이 나온다. 문 대통령의 정치철학과 소신-적폐 청산, 검찰 개혁, 남북 관계 개선 의지-을 보면, 조용하면서도 굳센 '장남 스타일'이다.

흔히 '장남'하면 부모 말씀 잘 듣고 공부 잘하는 '모범생'을 연상케 한다. 문재인이 그랬다. 당시 수재들만 모이는 경남고를 수석 입학했고, 3학년 때는 학교 뒷산에서 술과 담배를 하다가 걸려 유기 정학을 당한 적도 있었지만 곧바로 마음을 잡았다. 서울대에 떨어지자

재수를 해서 후기인 경희대 법대에 문과 수석으로 들어갔다. 대학에서는 민주화 시위에 적극적으로 참여하기는 했지만, 특별히 운동권은 아니었다. 3학년 재학 중에 사법시험 1차에 합격했다는 사실은 그가 '운동'과 '공부'를 병행했다는 것을 말해준다. 보통 공부 잘하는 대학생은 군대 생활에 쉽게 적응치 못해 '고문관'으로 불린다. 그런데 문재인은 '모범 군인'이었다. 그것도 보통 군대가 아니라 혹독한 훈련으로 소문난 특전사 공수부대에서 사격, 수중 폭파, 화생방, 수류탄 던지기, 인명 구조 훈련, 스쿠버 훈련, 전투 수영 같은 고난도 훈련에서 뛰어난 실력을 보였다.

여기서 잠깐 문 대통령의 군대 시절 전두환과의 인연(?)을 보자. 문재인은 1975년 8월 강제 징집되어 향토 사단인 창원 39사단에서 훈련을 받고 제1공수 특전여단 3대대에 배치되었다. 당시 특전사령관은 12·12쿠데타에 맞섰던 정병주였고, 1공수 여단장은 12·12 쿠데타를 일으킨 전두환이었다. 정병주 사령관으로부터는 '수중 폭파 과정 최우수 표장'을, 전두환으로부터는 '화생방 최우수 표창'을 받았다. 당시 3대대장은 훗날 전두환 청와대 경호실장을 지낸 장세동이었고, 옆 부대 대대장은 장세동 실장의 후임인 안현태 경호실장이었다. 12·12 쿠데타가 일어나기 5년 전에 이미 문재인과 전두환의 '악연'이 있었다.

문재인의 '모범생 인생'은 1978년 2월 제대 이후에도 계속됐다. 그는 1979년 사법 고시 1차에 합격하고 최루탄이 난무하던 1980년

4월에 2차 시험을 치러 구속 중에 합격 소식을 들었다. 1982년 8월 사법연수원을 차석으로 졸업해 법무부 장관상을 받았다. 모범적인 장남 스타일은 정치에 잘 어울리지 않을 수도 있다. '착한 남자 신드롬'이라고 하던가? 조용하고 점잖으며 착하기 때문에, 자칫 답답하고 우직하며 원칙적이라는 비판을 받을 수 있다. 장남은 자신과 반대되는 막내 스타일을 벤치마킹해서 단점을 보완해야 한다.

8초에 단 두 마디

'누님' 하면 왠지 다정다감한 느낌이 든다. 누님 하면 또 살림살이를 책임진 야무진 맏딸 이미지가 떠오른다. 박근혜 대통령은 3남매(1남 2녀) 중 장녀로 태어났다. 차분하고 조용한 성격은 전형적인 장남, 아니 장녀 스타일이다. 그는 안정적이고 듬직한 지도자 이미지로 대한민국 최초의 여성 대통령이 되었다.

그러나 대통령이 된 뒤에는 점점 답답하고 권위주의적인 면을 보이면서 국민과 멀어졌다. 침묵의 정치, 불통의 정치라는 말이 나왔다. 대국민 사과, 촛불 집회, 국회 탄핵, 헌재 파면, 청와대 기자회견 등 중요한 고비 때마다 침묵으로 일관했다.

2017년 3월 청와대 관저를 떠날 때도 친박 국회의원을 통해 단출한 몇 마디를 남겼고, 검찰 포토 라인에 섰을 때는 8초 동안 단 두 마디를 남긴 것이 전부였다. 오랫동안 검찰 청사 앞에서 진치고 기다렸던 기자들은 '8초의 두 마디'에 허탈함을 금할 수 없었다. 박 대통령은 집권 말기에 장녀의 믿음직한 장점은 제대로 보여주지 못하고 장녀의 답답한 단점만 적나라하게 보여줌으로써 최악의 상황을 맞은 것이다.

한눈에 장남 스타일인 사람이 있다. 노태우 대통령이 그렇다. 두 형제 중 장남으로 태어난 노태우는 온건하고 방어적이며 신중한 성격으로 전형적인 장남 스타일이다. 노태우는 장남인 데다 홀어머니 밑에서 자라고 중고등학교 때는 삼촌 집에서 자란 탓인지, 내성적인 성향이 유난히 강했다. 아마 마음속 깊은 곳에는 자신이 어머니와 동생을 보살펴야 한다는 '가장(家長) 의무감'이 강하게 자리 잡고 있었을 것이다. 1987년, 대통령이 된 뒤에도 군 출신답지 않게 방어적이며 수동적인 통치 스타일로 전형적인 장남 스타일을 보여주었다.

외아들의 눈깔사탕과 과자 봉지

어린 시절에 가끔 부잣집 외아들을 본 적이 있다. 반듯한 옷차림을 한 그들의 손에는 어김없이 맛있는 눈깔사탕과 과자 봉지가 쥐여 있었다. 남루한 옷차림의 가난한 아이들은 침만 꼴딱꼴딱 삼키며 눈을 껌벅이던 모습이 생각난다. 외아들은 분명히 뭔가 달랐다.

이재용 삼성 부회장을 보면, 외아들의 이미지가 물씬 느껴진다. 그는 아래로 두 명의 여동생이 있는 외아들이자 장남이다. 1968년생으로 키 184센티미터에 늘 웃는 표정이 부잣집 외아들의 전형으로 보인다.

대한민국 초대 대통령 이승만은 6대 독자 외아들이다. 3남매(1
남 2녀) 중에서 막내였지만 손(孫)이 귀하고 유일한 아들이었기 때문
에, 온 집안의 사랑을 독차지하며 자랐다. 더구나 유교 문화가 남아
있던 구한말 '이씨 왕손'의 가부장적인 양반집 외아들이었으니 어릴
때부터 과잉보호를 받을 수밖에 없었다. 특히 어머니와 누나는 이승
만을 애지중지했다.

모토후미의 분석(2003)에 의하면, 자원봉사를 하는 일본 여성들
가운데 40%가 장녀인 데 반해 외동아이는 2%밖에 되지 않았다. 외
아들은 남을 위해 봉사하는 것보다 자신의 일에 몰두하는 것을 더
선호한다는 것이다. '외아들=자기중심주의'라는 뜻이다.

이승만의 정신세계는 주변의 모든 일들이 자기중심적으로 이루
어져야 직성이 풀리는 '외아들 콤플렉스'가 어릴 때부터 몸에 배었
고, 이것이 훗날 가부장적 권위주의로 이어졌을 개연성이 높다. 자
유당 정권의 독재와 12년 장기 집권도 그의 외아들 콤플렉스에서 비
롯된 것으로 보인다. 흔히 이승만 대통령을 비판할 때 등장하는 용
어인 유아독존, 마마보이 신드롬은 외아들의 주된 특징이다. 그것은
눈깔사탕과 과자 봉지를 혼자 독차지하고 싶은 욕심이기도 하다.

다행히 이 대통령은 20대 때부터 기독교 정신과 미국의 선진 교
육을 배우고 익혔기 때문에 자유민주주의적 사고를 가질 수 있었고,
외아들의 단점들을 줄일 수 있었다.

김영삼의 얼굴을 보면, 한눈에 부잣집 외아들 분위기가 느껴진다.

오랜 야당 투사였지만 크게 고생한 것 같지 않은 얼굴이다. 김영삼은 원래 10남매였으나 4남매가 어려서 죽어서 6남매(1남 5녀)가 되었다. 거제도에서 내로라하는 갑부였던 부모는 외아들에게 모든 정성을 쏟아부었다. 이런 집안 환경은 김영삼으로 하여금 어릴 때부터 자신만만함과 자기중심적 세계관을 심어주었다.

김 대통령을 만나보면, 언제 어디서나 자신감이 넘치고 자아의식이 강한 외아들이라는 느낌을 금방 받을 수 있다. 평생 '차가운 야당'으로 투쟁하다가 3당 합당을 통해 갑자기 '따뜻한 여당'으로 변신한 것도 예고된 '외아들의 숙명'이었는지 모른다. 대통령이 된 뒤에도 자기중심적으로 국정이 돌아가야 직성이 풀리는 외아들 스타일을 유감없이 발휘했다.

김영삼 대통령은 그러나 남에게 베풀길 좋아하는 아버지와 어머니의 성품, 기독교 정신, 오랜 민주화 운동에서 비롯된 애민 정신으로 외아들의 단점을 보완해나갔다.

막내: 노무현, 박정희
중간자: 김대중, 이명박, 전두환

척 보면 막내인지 금방 알 수 있는 사람이 있다. 바로 노무현 대통령이다. 5남매(3남 2녀) 중 막내로 태어난 그는 일찍이 '막내 끼'가 넘쳤다. 동네에서 함께 자란 부인 권양숙 여사는 노 대통령에 대해 "어려서부터 소문난 말썽꾸러기였다"라고 말하기도 했다. 척박한 산골

마을에서 가난한 집 막내로 태어난 노무현은 초·중·고 학창 시절에 반항아 기질을 유감없이 발휘했다. 잦은 결석과 빈번한 싸움, 선생님에게 대들기, 여학생들의 고무줄 빼앗기 등등. 그런 막내 같은 행동들이 훗날 그를 혁신적인 정치 지도자로 만든 심리적 요인이 되었다. 노무현은 막내=반항아, 혁명가라는 등식을 가장 확실히 보여주었다.

어린 시절의 형은 얼마나 든든하던가? 노무현의 맏형 노영현은 요즘으로 치면 '빵도 사주고 공부도 가르쳐주는 최고의 형'이었다. 형은 동생이 부당하게 얻어맞거나 학교에서 차별을 받으면 곧장 달려가서 항변하고 보호해주었다. 아버지 역할까지 대신하던 형은 마을에서 유일한 대학생(부산대 법대)으로 사법 고시를 준비하고 있었다. 안타깝게도 형은 사법 고시에 여러 번 떨어져 아내에게 걸핏하면 구박을 받고 살았다. 그런 형이 갑자기 교통사고로 세상을 떠나버렸으니, 동생 노무현은 얼마나 상심했겠는가?

아버지처럼 대했던 맏형과 달리 둘째 형 노건평과는 친구처럼 지냈다. 형 노건평은 학비가 없어서 야간 고등학교를 졸업하고 1968년에야 공무원 시험(오늘날 9급)에 합격해 10여 년간 세무 공무원 생활을 했다. 노 대통령은 임기 중에 형 때문에 애를 먹기도 했다. 에이브러햄 카드너(Abram Kardiner) 박사에 의하면, 성장기의 형제 관계는 훗날 성격 형성은 물론 국정 운영 스타일에 많은 영향을 미친다.

찢어지게 가난한 집의 늦둥이 막내는 어떤 성격일까? 박정희는 어머니가 40대 중반에 낳은 아들로 7남매(5남 2녀) 중 막내로 태어났다. 생각해보라. 위로 형 4명과 누나 2명이 포진하고 있는 집안에서 막내가 느꼈을 심리적 압박은 만만치 않았을 것이다. 1970~1980년대까지만 해도 7남매, 8남매, 9남매 집안들이 많아서 '억눌린 반항아 막내'들이 많았다. 박정희의 어머니는 45세에 임신한 것이 부끄러워 여러 차례 낙태를 시도하다 가까스로 막내 박정희를 출산했다.

심리학적으로도 낙태 위기를 넘기고 태어난 아이는 태아 상태에서 극도의 위기감을 느낀 탓에 훗날 저항적 성향이 강하다고 한다. 유기 불안을 겪은 막내는 다른 막내들보다 훨씬 더 강인하다는 것이다. 박정희는 태어날 때부터, 아니 엄마 뱃속에 있을 때부터 '저항 DNA'가 남보다 많았을 거라는 게 심리학적 분석이다.

막내 박정희는 4명의 형 중에서 셋째 형 박상희의 영향을 유난히 많이 받았다. 박상희 형은 일찌감치 마을에서 '유망한 젊은이'라는 소리를 들으며 집에서는 가장(家長) 역할을 하고 있었다. 거기다 180센티에 가까운 훤칠한 키와 수려한 외모, 높은 지적 수준을 겸비하고 있었다. 까무잡잡한 외모에 작고 왜소한 체구의 박정희의 눈에 비친 셋째 형은 너무나 멋있고 부러운 존재였다. 요즘으로 치면, 영화배우 뺨치는 훈남이자 엄친아였다. 그런 형이 안타깝게도 1948년 여순반란 사건 때 좌익으로 몰려 피살당했다. 일각에서는 박정희가 한때 남로당 좌익 활동을 한 것은 형 박상희의 영향을 받았기 때문이라는 주장도 있다. 아무튼 형 박상희의 죽음은 청소년기 박정희

194

에게 커다란 정신적 충격을 준 동시에 혁명적 기질을 더욱 강화시킨 것으로 보인다. 훗날 박정희 대통령의 5·16 쿠데타와 철권통치, 그리고 18년 장기 집권은 강하고 생존력이 강한 막내 기질과 무관치 않아 보인다.

위에서 누르고 아래서 치받는 중간자의 깡다구

형제 중에 유달리 '잘난 사람'이 있다. 김대중이 그런 낭중지추(囊中之錐)였다. 그는 5남매(4남 1녀) 중 차남으로 태어났다. 장남과 막내 사이에 끼어 있는 중간자였다. 김대중이 일찌감치 서당에 다닐 때부터 두각을 나타낸 탓인지 나머지 형제들의 존재는 외부에 널리 알려지지 않았다. 설로웨이가 주장했듯이, 장남과 막내의 중간에 있는 중간자는 현실 타파적이고 저항적 기질이 강하다.

더구나 그가 태어난 섬 하의도는 역사적으로 저항운동이 지속되어왔고, 아버지 김운식은 저항운동을 주도해온 지식인이었다는 사실이 김대중의 투사적인 삶에 영향을 미쳤다.

김대중의 중간자, 섬의 특징, 아버지의 영향이라는 3박자가 어우러져 '민주 투사' 김대중을 만들어냈다. 설로웨이가 역사를 변화시킨 혁명적 이론가로 거론한 막내와 중간자인 코페르니쿠스, 다윈, 아인슈타인처럼 중간자인 김대중은 대한민국의 정치적 변화를 주도했다.

이명박 대통령은 7남매(4남 3녀) 중에서 다섯째로 태어났다. 일본의 요다 아키라 교수에 의하면, 중간자는 장남이나 막내보다 훨씬 독특한 성격적 특징이 있다고 한다. 마음에 들지 않으면 바로 침묵해버리거나 정반대로 신중하게 생각지 않고 일을 저지르는 성향이 있다. 어디로 튈지 모르는 럭비공 스타일이다. 중간자인 이 대통령은 매사에 진취적이고 도전적이며 변화지향적이라는 점은 익히 알려져 있다. 덕분에 샐러리맨의 신화를 만들었고, 청계천의 신화를 만들었으며, 마침내 대통령이 되었다.

이명박의 삶에서 결코 빼놓을 수 없는 사람은 둘째 형 이상득이다. 이명박은 얼굴도 잘생기고 키도 크며 공부도 잘했던 형 이상득을 추월하고야 말겠다는 속마음이 있었을 것이다. 형제 관계의 양면성이라고 할까? 형 이상득은 동생이 대통령이 되는 데 혼신을 다해 도왔지만, 나중에는 본의 아니게 부담을 주게 된다.

장남도 아니고 막내도 아니고 중간에 끼어서 독이 오른(?) 중간자들의 고충을 조금은 알 것 같다. 7남매(3남 4녀) 중 다섯째로 태어난 전두환의 어린 시절이 그랬다. 원래 10남매였는데, 3남매가 어린 시절에 질병과 사고로 죽는 바람에 7남매가 되었다. 햄버거 속의 스테이크처럼 중간에 끼어 있는 중간자의 생존 본능은 막내보다 강하다. 위아래로 6명의 형제자매들에게 둘러싸인 전두환은 어릴 때부터 남에게 지는 것을 유난히 싫어했다.

승부욕이 강했던 전두환은 형에게 곧잘 대들었지만, 동생들은 각

대통령의 형제 관계

- **이승만**: 3남매 중 외아들
- **박정희**: 7남매 중 막내
- **전두환**: 7남매 중 다섯째
- **노태우**: 2형제 중 장남
- **김영삼**: 6남매 중 외아들
- **김대중**: 5남매 중 차남
- **노무현**: 7남매 중 다섯째
- **이명박**: 7남매 중 다섯째
- **박근혜**: 3남매 중 장녀
- **문재인**: 5남매 중 장남

별히 챙겼다. 형은 5공 때 '경찰 비리'로 유명한 전기환이고, 동생은 '새마을 비리'로 유명한 전경환이다. 형제 관계의 끈끈함이 훗날 정치적 의리 형태로 나타난 것이 군 내 사조직 하나회와 5공 신군부 인맥이었다. 12·12 쿠데타 과정에서 하나회는 형제처럼 똘똘 뭉쳐서 권력을 잡았다.

설로웨이에 의하면, 중간자는 형제들 사이에 끼어 있는 '불안정한 특수 관계'로 인하여 혁명적이고 활동적이며 남에게 지기 싫어하는 강인한 성격이 있다. 전두환에게 딱 들어맞는 분석이다.

다음 대선은 장남 VS
막내, 중간자의 대결

장남: 이낙연, 정동영, 안철수, 김부겸, 오세훈

문재인 대통령이 장남이니, 다음 대통령은 막내가 좀 더 유리하지 않을까? 대선 때마다 어김없이 나타나는 순환 이론과 파도 이론, 시대정신에 의하면, 차기 대통령은 전임자와 다른 스타일일수록 당선될 가능성이 높다.

차기 대권 주자들 중에서 장남은 누구이며, 막내와 중간자는 누구인지 살펴보자. 중요한 것은 '누가 장남이냐, 막내, 중간자이냐'가 아니라 '누가 장남 스타일이냐, 막내 스타일이냐'다.

"장남, 취했는가? 가서 자소!" 어머니의 말 한마디에 어수선하던

7남매는 금방 조용해졌다. 장남에 대한 어머니의 기대는 종종 가족 전체에 무언의 영향을 미친다. 이낙연 총리 가족 이야기다. 7남매 중 장남으로 태어난 그는 서울대 법대에 들어갔지만 6명의 동생들이 눈에 밟혀 고시 대신 언론사를 택했다. 이 총리의 국회 대정부 답변 태도를 보면, 묵직하고 간결한 장남 스타일이다.

정동영 민주평화당 대표는 4형제 중 장남이다. 안철수 의원은 3남매(2남 1녀) 중에서 장남인데, 외모만 보면 '부잣집 막둥이'나 '귀공자 외아들'처럼 보인다. 김부겸 의원은 4남매(1남 3녀) 중에서 장남이고, 오세훈 전 서울시장도 2남매(1남 1녀) 중 장남으로 태어났다.

막내, 중간자: 황교안, 홍준표, 정세균, 손학규, 김무성, 박원순, 이재명, 유시민

차기 주자 중에는 막내나 중간자가 많았다. 황교안 자유한국당 대표는 6남매 중 어머니가 40대 중반에 낳은 늦둥이 막내였다. 차분한 성격과 외모가 장남처럼 보이지만, 고등학교 직선제 총학생회장, 색소폰 연주 같은 낭만적인 막내 기질이 있다.

정세균 전 국회의장은 7남매(4남 3녀) 중 셋째로 태어났고, 바른 미래당의 손학규 대표는 7남매(5남 2녀) 중에서 막내로 태어났다. 홍준표 전 대표는 5남매(2남3녀) 중 넷째로 전형적인 중간자 스타일이다. 장남처럼 묵직해 보이는 김무성 전 대표는 의외로 5남매(4남 1

199

녀) 중 셋째다. 박원순 서울시장은 7남매(2남5녀) 중 여섯째로 태어 났다. 이재명 경기도지사는 9남매(5남 4녀) 중 4남인 중간자로 형과 동생들 틈에 끼어서 버텨내는 생존술을 터득해나갔을 것이다. 유시 민 이사장은 6남매(2남 4녀) 중 차남이다.

돌이켜보면, 2017년 5월 대선은 '장남들의 전쟁'이었다. 당시 박 근혜 대통령은 장녀였고, 유력 후보였던 문재인, 반기문, 안철수 3 명이 모두 장남이었다. 문재인 후보는 원래 조용한 장남 스타일이지 만, 정치철학과 노선은 개혁적이고 변화 지향적인 막내 스타일이다. 더구나 탄핵이라는 특수한 상황에서는 안정적인 '장남 스타일'보다 혁신적인 '막내 스타일'이 단연 유리할 수밖에 없다.

형제가 승리하는 법

우리 속담에 '형제는 용감했다'는 말이 있다. 이는 단순히 형제 사이가 좋다는 얘기가 아니다. 장남의 좋은 점과 막내의 좋은 점을 합하면, 큰 시너지 효과를 발휘할 수 있다는 뜻이다. 막내인 봉준호 감독과 장남인 송강호 배우가 오래전에 뭉쳤을 때, 이미 칸영화제의 황금종려상은 예정되어 있었다. 봉준호가 막내답게 기상천외한 상상력으로 시나리오를 만들면, 장남인 송강호는 장남답게 묵직한 연기력으로 환상의 콤비를 이루었다. 깊은 내공이 있는 연기를 보여주는 배우 하정우, 장동건도 장남이다. 이들은 〈범죄와의 전쟁〉, 〈친구〉에서 보여주었듯이 가볍고 튀는 연기보다는 무겁고 인상 깊은 연기를 보여준다. 이른바 장남 스타일의 연기자들이다. 이들이 막내 스타일의 감독이나 배우를 만나면 더욱 시너지를 발휘할 것이다.

이 땅의 장남들이여! 당신들은 부드럽고 포용력이 있는 장남의 장점을 더욱 발전시켜 나아가되 도전적이고 진취적인 막내의 장점을 벤치마킹하기 바란다. 이 땅의 막내들이여! 당신들은 도전적이고 진취적인 막내의 장점을 더욱 발전시켜 나아가되 부드럽고 포용력이 있는 장남의 장점을 벤치마킹하기 바란다. 장남은 막내처럼 행동하고 막내는 장남처럼 행동하면, 성공은 따 놓은 당상이다.

방법은 또 있다. 장남인 권력자는 막내, 중간자인 참모를 곁에 두고, 역으로 막내, 중간자인 권력자는 장남 참모를 곁에 두기 바란다. 단점을 보완할 수 있을 것이다. 이보다 더 나은 최고의 방법이 있다. 장남과 막내가 힘을 모으는 것이다. 형제가 똘똘 뭉치면 못할 일이 없다.

President's
psychology

6장

권력자도 부전 자전의 법칙을 피할 수 없다

부모의 영향

안아줄까? 쫓아낼까?

'골프 대통령' 타이거 우즈는 2019년 4월, 이혼과 음주, 마약 등 온갖 논란의 슬럼프를 딛고 10년 만에 미국 PGA 마스터스에서 우승하던 날, 아들을 꼭 껴안고 뜨거운 눈물을 흘렸다. 오래전에 우승을 거머쥐었을 때는 아버지를 껴안고 눈물을 흘렸다. 우즈 가족에게 '아버지'라는 존재는 단순히 혈육이 아니라 최고의 우군이었다.

미국 최초로 여성 대통령이 될 뻔했던 힐러리. 그는 어린 시절에 동네에서 또래 남자아이들로부터 '애비 없는 자식'이라고 놀림을 당하면 엉엉 울면서 집으로 들어왔다. 그때마다 엄마는 가엾은 딸을 안아주기는커녕 문밖으로 내쫓으며 "가서 싸워서 이기고 와!"라고 외쳤다. 어린 힐러리는 눈물을 훔치고 나가서 남자애들과 싸워서 이긴 뒤에야 집에 돌아왔다. 그제서야 엄마는 딸을 꼭 껴안아주었다. 그런 엄마가 있었기에 힐러리는 훗날 대통령의 아내로, 대통령 후보로, 국무장관으로 성장할 수 있었다.

심리학자 프로이트는 권력자들을 분석할 때 그들의 어린 시절을 가장 주의 깊게 살펴보았다. 칼 융은 성격을 살펴보았고, 라스웰은 정치 스타일을 분석했다. 이 세 사람이 공통적으로 중요시했던 것이 부모와 자식 간의 관계였다.

어머니=감성적 세계관, 아버지=이성적 세계관

"엄마가 더 좋아? 아빠가 더 좋아?" 어릴 적에 부모로부터 자주 듣던 '곤란한 질문'이다. 그런데 세월이 흘러 생각해보니 매우 '의미심장한 질문'이었다. 부모는 똑같이 자식을 길렀지만 그 역할은 분명히 달랐고, 그 영향도 달랐다.

심리학적으로 어머니의 영향을 많이 받으면 '감성적 세계관'을 갖게 되고, 아버지의 영향을 많이 받으면 '이성적 세계관'을 갖게 된다. '감성적인 지도자'는 정이 많고 감정의 기복이 심하며 변화무쌍한 성격으로 정치인, 문화·예술인 같은 문과 스타일에 해당한다.

반면 '이성적 지도자'는 냉철하고 엄격하며 강직한 성격으로 공무원, 군인 등 이과 스타일에 해당한다. 그러니까 엄마가 더 좋았냐, 아빠가 더 좋았냐에 따라서 세계관이 달라지고 미래 운명이 달라진다. 이제 성인이 된 당신에게 다시 한 번 물어보자. 어머니가 더 좋았던가? 아버지가 더 좋았던가?

우리 대통령들 중에서 어머니의 영향을 더 많이 받은 사람은 노무현, 이승만, 노태우, 김영삼, 이명박 대통령 5명을 꼽을 수 있다. 이들의 자서전이나 회고록을 보면, 어머니 이야기로 가득 차 있고 아버지 이야기는 찾아보기 어렵다. 어머니에 대한 그리움은 절절하지만, 아버지에 대한 그리움은 상대적으로 덜 절절하다.

왜 그럴까? 아버지가 일찍 세상을 떠나거나, 사업에 망해서 집안의 주도권을 어머니에게 넘겨주었던 경우가 많았다. 더구나 한국 사회에서 아버지라는 존재는 '권위적인 존재'이기 때문에 왠지 자식들과 거리가 있다. 어쨌든 우리 대통령들은 어릴 적 어머니의 영향으로 '감성적 세계관'을 갖고 훗날 '감성적 지도자'가 되어 '감성적 통치'를 하게 된다. 감성적인 권력자는 '뜨거운 지도자'로 웃음도 많고 눈물도 많다.

반면에, 우리 대통령 가운데 상대적으로 아버지의 영향을 많이 받은 사람은 문재인, 김대중, 박근혜, 박정희, 전두환 대통령 5명이다. 이들은 아버지의 영향으로 '이성적 세계관'을 갖게 되고 '이성적 지도자'가 되어 '이성적 통치'를 하게 된다. 이들 '이성적 권력자'는 '차가운 지도자'로 웃음도 적고 눈물도 적다. 이들은 아버지의 성격과 외모, 인생 역정, 사고방식과 비슷한 점이 많았다.

권력자와 부모와의 관계에서 주목할 게 있다. 어머니는 자식들에게 주로 '사적 영역'에 영향을 미치는 데 비해 아버지는 '공적 영역'

에 더 많은 영향을 미친다. 어머니가 자식의 언행에 영향을 미친다면, 아버지는 대인 관계나 정책에 영향을 미치는 것이다. 권력자의 부모를 관찰할 때 눈여겨보아야 할 것은 어머니의 '생사' 여부와 아버지의 '직업'이다. 즉, 대통령의 어머니를 관찰할 때는 언제까지 생존해 있었는지를, 대통령의 아버지를 볼 때는 직업이 무엇이었는지를 주의 깊게 살펴볼 필요가 있다.

대통령을 만든 어머니들,
무엇이 다른가?

어머니 마케팅

동서고금을 막론하고 위인전이나 자서전에 등장하는 단골 메뉴가 있다. 바로 '어머님의 사랑' 이야기다. 태몽, 가난, 자식 사랑, 집안 살림, 가르침, 그리움에 이르기까지 모든 권력자의 어머니 이야기는 감동적이다. 한국 대통령의 자서전이나 위인전을 보면, 어머니 이야기로 가득 채워져 있다. 어머니가 없었다면 오늘날의 자신은 없었노라고 말한다.

실제로 한국 사회에서 '어머니'라는 단어를 빼놓고 아무것도 설명할 수 없다. 오죽하면 '어머니 마케팅'이라는 말까지 나왔을까? 미국은 도리스 페이버의 《대통령과 어머니들(The Presidents'Mothers)》

(1979), 보니 앤젤로의 《대통령을 키운 어머니들(First Mother)》
(2004)을 비롯해 대통령 어머니에 대한 책들이 꽤 있지만, 한국 대통령의 어머니를 다룬 책은 찾아보기 어렵다. 하긴 대통령 연구도 미흡한데 대통령의 어머니까지 연구할 여력이 있겠는가?

대통령의 리더십에서 가장 중요한 것이 성장 과정과 성격 형성이라면, 어머니에 대한 연구는 필수적이다. 오늘날 지도자의 인간성(personality)-품성, 인성, 도덕성-이 어느 때보다 중요해진 시대에 어머니에 대한 조명은 반드시 필요하다. 이는 미래 지도자 교육 차원에서도 중요하다. 한국 대통령들의 어머니는 무엇이 어떻게 달랐는가? 당신의 어머니는 어떤 삶을 살았는가?

연탄 배달하는 실향민, 문재인의 어머니

무더운 여름철의 일요일. 어머니는 중학교 1학년 아들을 꼭두새벽에 깨웠다. 그리고 어둠 속에서 7~8킬로미터를 걸었다. 어머니는 일요일에 서울발 특급열차표를 사두었다가 표를 못 산 승객들에게 웃돈을 얹어 팔면 벌이가 괜찮다는 얘기를 들었다고 아들에게 말했다. 그러나 부산역에서 막상 표를 팔기 시작하자 어머니는 말없이 돌아섰다. 그때 이후로 어머니는 두 번 다시 암표 장사를 시도하지 않았다. 수십 년이 지나서야 문재인은 어머니에게 왜 그때 암표 장사를 하려다 말았느냐고 물었다. 어머니는 대답했다. "듣던 것하고 다르던데!" 그 대답이 정확히 무슨 뜻인지 몰랐지만 아들은 더 캐묻

209

지 않았다. 훗날 문재인은 "지금도 어려운 사람들을 보면 그때 우리 모자(母子) 생각이 난다"고 말했다. 문재인의 자서전 《운명》의 맨 마지막 나오는 얘기다.

동네 슈퍼마켓 주인 정도라고 할까? 문재인의 어머니 강한옥 여사는 흔히 볼 수 있는 평범한 서민들의 어머니였다. 특별히 똑똑하거나 잘나지도 않은 우리들의 어머니 말이다. 그러나 한 꺼풀만 들어가면 가슴 아픈 사연들이 쏟아져 나온다.

어머니는 1950년 1·4 후퇴 때 남편을 따라 남으로 내려왔다. 잠깐 내려왔다가 다시 귀향한다는 생각에 일가친척을 그대로 놔두고 와서 혈혈단신이었다. 피난지인 거제도에서 단칸방 셋방살이를 하다가 1952년에 아들 문재인을 낳았다. 어머니는 장사 수완이 없는 남편과 5남매의 입에 풀칠하기 위해 거제도에서 계란을 싸게 사서 부산에 내다 파는 행상을 했다.

부산으로 이사 간 후에는 구호물자 옷가지를 좌판에 놓고 팔았는데 잘될 리 만무했다. 이어서 동네에 조그만 구멍가게를 냈지만 여의치 않았다. 연탄 배달 소매상도 해보았다. 가게에서 연탄을 조금씩 가져다가 동네 사람들에게 파는 식이었다. 돈이 될 리 만무했다. 철없던 시절 문재인은 얼굴에 숯검정을 묻히고 연탄을 배달하는 일이 창피했다.

한번은 리어카를 앞에서 문재인이 끌고 뒤에서 어머니가 잡아주면서 내리막길을 가다가 어머니가 힘들어서 손을 놓는 바람에 길가에 처박힌 적도 있었다. 그때 낙담한 어머니의 표정을 지금도 잊지 못하고 있다.

어린 시절의 가난은 문재인에게 무엇을 남겼을까? 그는 자서전 《운명》에서 말했다. "가능하면 혼자서 해결하는 것, 힘들게 보여도 일단 혼자 해결하려고 부딪쳐보는 것, 이런 자세가 자립심과 독립심을 키우는 데 많은 도움이 됐다고 생각한다. 가난이 내게 준 선물이다."

아들 공부 가르치는 훈장 딸, 이승만의 어머니

요즘으로 치면 일찌감치 세상 이치를 깨우친 '교수의 딸'이다. 이승만의 어머니 김해 김씨는 서당 훈장의 딸로서 당시로서는 드물게 지식인이었다. 전형적인 양반집 자부(慈婦)형이었다. 김씨는 첫아들을 마마로 잃고, 절에서 100일 기도 끝에 용이 치마폭으로 뛰어드는 태몽을 꾸고 이승만을 낳았다. 태종 이방원의 맏아들인 양녕대군의 16대손으로 6대 독자였다. 귀한 아들, 얼마나 애지중지했을까?

김 씨는 마치 《삼국지》에 나오는 유비의 어머니처럼 아들에게 어릴 적부터 왕손이라는 자긍심을 심어주면서 고전과 한문 서적을 읽어주었다. 당시에는 보기 드물게 어머니가 직접 아들에게 공부를 가르쳤다. 아버지는 한문학자였지만 밖으로 주유천하하느라 아들 교육에 소홀했다. 어머니 김씨는 "아들이 큰 인물이 되려면 장님과 결

211

혼해야 한다"는 점쟁이의 말을 듣고, 고민 끝에 장님 대신 눈 근처에 큰 반점이 있는 박승선이라는 여인을 택해 16살 먹은 외아들과 거의 강제로 결혼시켰다. 일종의 '액땜 결혼'인 탓인지 두 부부의 정은 깊지 않아 끝내 이혼했다. 어머니와 누나는 정성을 쏟아 이승만을 보살폈는데, 이것은 과잉보호라는 부작용을 낳았을 수 있다.

호랑이 남편과 7남매 뒷바라지한 일꾼, 박정희의 어머니

집에 눌러앉아 있는 군인 남편을 보살피는 아내였던 박정희의 어머니. 호랑이 같은 남편과 7남매 식솔들을 모두 챙기려니 얼마나 힘들었을까? 박정희 대통령의 어머니 백남의 여사는 헌신적인 가장형(家長型) 여인이었다. 남편 박성빈이 무과에 합격하고도 부패한 관리들 때문에 출셋길이 막혀 좌절감에 빠지자, 두 팔을 걷어붙이고 나섰다. 두주불사형에 불같은 성격을 가진 아버지까지 챙기느라 어머니의 마음고생은 말이 아니었다. 가족 생계를 위해 몸이 부서져라 일하는 전형적인 한국형 일꾼이었던 어머니는 7남매(5남 2녀)를 키우느라 힘든 밭일과 온갖 허드렛일을 도맡았다.

어머니는 똑똑한 셋째 아들 박상희를 대구 폭동 사건으로 잃었고, 넷째 아들 박한생을 병으로 잃었다. 아들을 둘이나 잃은 어머니의 슬픔이 오죽했을까? 늦둥이 막내아들 박정희마저 어머니와 의논 한마디 없이 멀리 대구로 유학을 가더니, 급기야 머나먼 만주로 떠나

212

버리자 어머니의 눈에는 눈물이 마를 날이 없었다.

기록과 자료들을 보면, 박정희는 어머니의 영향을 적게 받은 것
같다. 박정희에게 어머니는 어떤 존재였을까? 추측건대, 따뜻하고
포근한 모성애보다는 맹렬하게 일하는 차갑고 강인한 여인의 이미
지가 더 컸던 것 같다. 7남매 형제자매들과의 관계를 보더라도 특별
히 친밀하고 정겹게 지냈다는 기록을 찾아보기 어렵다. 어린 시절부
터 박정희에게는 외로움과 고독의 그림자가 드리워져 있었다.

생니 3개 뽑은 여걸 & 30살의 청상과부

웬만한 남자는 단숨에 넘어뜨릴 정도로 힘센 여장부였을까? 전
두환의 어머니 김점문 여사는 억센 여장부의 모습을 떠올리게 한다.
어느 날 집 앞을 지나가던 스님이 전두환의 어머니를 보더니 "당신
의 툭 튀어 나온 앞니가 아들의 운세를 가로막을 거요"라고 말했다.
이 말을 듣자마자 어머니는 부엌으로 달려가 집게로 자신의 앞니 3
개를 뽑고 혼절했다는 일화가 있다. 아무리 자식의 미래가 중요하다
고 하지만 생니 3개를 뽑을 수 있겠는가? 7남매마다 액운이 생겼다
면, 이빨이 하나도 남지 못할 뻔했다.

이 일화 하나만 보더라도 전두환의 어머니가 얼마나 강인한 성격
을 지녔는지 짐작할 수 있다. 어머니는 또 일본 순사를 때려눕히고
야반도주했던 남편을 따라 멀리 만주까지 이주했던 억척스러운 면
이 있었다. 아마 전두환은 억센 어머니와 강한 아버지의 기질을 동

시에 물려받은 것 같다. 한 가지 재미있는 것은 전두환, 노태우 두 사람이 정반대 성격인 것처럼 두 대통령의 어머니도 정반대 성격이었다.

노태우의 어머니 김태향 여사는 30살이 채 안 된 나이에 청상과부가 되어 두 아들을 키우며 힘겨운 삶을 살아야 했다. 조용한 성품이었기에 세파를 헤쳐 나가기 더욱 힘들었다. 노태우의 어머니는 콩밭을 갈다가 구렁이를 보고 깜짝 놀라는 태몽을 꾸고 아들을 낳았다. 장차 큰 인물이 되라는 뜻에서 '태룡'으로 지었다가 나중에 '태우'로 이름을 바꿨다. 독실한 불교 신자였던 어머니는 노태우를 등에 업고 집 근처 팔공산에 불공을 드리러 오르내렸다. 어린 노태우는 어머니의 등에 업혀 산에 오르던 도중에 스님들이 노태우의 머리를 쓰다듬어주고 커다란 귓불을 만져주던 것을 기억했다.

어머니는 아버지가 29살 되던 해에 교통사고로 죽는 바람에 평생 혼자 살았다. 1938년 겨울, 아버지가 세상을 떠난 날, 눈보라 속에서 하얀 소복을 입고 흐느껴 울던 어머니의 모습을 영원히 잊을 수 없다고 훗날 노태우는 회고록에서 말했다. 어린 노태우는 홀어머니를 떠나 작은 아버지(노병상) 집에서 학교에 다니느라 부모 사랑을 제대로 받지 못했다. 어머니가 생각날 때마다 노태우는 휘파람을 불거나 홍사용의 시 〈나는 왕이로소이다〉를 나지막이 읊기도 했다. 어린 시절 아득히 남아 있는 스님의 가르침, 그리고 아버지의 죽음과 어머

니의 슬픔을 겪으면서 노태우는 인내심을 길렀다. 노태우 리더십의
핵심은 인내심이다.

인심 좋은 부잣집 마님, 김영삼의 어머니

김영삼의 어머니 박부연 여사는 부잣집 여장부형이었다. 요즘으
로 치면 부동산과 자산이 많은 사업가의 아내이자 인심 좋은 부잣집
사모님이었다. 성격이 호방하고 활발했으며 동네 사람들에게 인심
이 후했다. 김영삼의 어머니는 원래 10남매를 낳았으나 4남매를 잃
고 6남매를 키웠다. 큰 배를 10여 척 보유한 부자였기 때문에 6남매
가 아니라 16남매여도 끄떡없을 정도로 경제적 여유가 있었다. 당시
드물게 기독교인이었던 어머니는 아들을 교회에 데려갔고, 동네 사
람들을 전도했다. 남자답고 남에게 잘 베푸는 어머니의 성격을 아들
이 물려받은 것 같다.

그런 어머니가 1960년 4·19 혁명 직전에 북한에서 남파된 무장
공비에 의해 피살되자 김영삼은 이루 말할 수 없는 충격을 받았다.
개혁적인 김영삼이 북한에 대해서는 유독 보수적인 입장을 견지한
것은 북한 무장 공비에게 피살당한 어머니의 죽음과 연관이 깊다.
흥미롭게도 김영삼, 김대중 두 대통령의 성격과 환경이 정반대인 것
처럼 두 대통령의 어머니도 정반대였다.

기구한 운명 속에서 아들 교육에 올인, 김대중의 어머니

오로지 똑똑한 아들 한 명에게 승부수를 던진 어머니들이 있다. 자신의 삶은 없고 오직 아들의 삶만 있을 뿐이다. 김대중의 어머니 장수금 여사는 기구한 운명 속에서 아들에게 승부수를 던진 한(恨) 많은 교육자형 어머니였다.

17세 때 첫 남편을 잃고 하의도에 사는 두 번째 남편과 재혼한 삶은 순탄치 않았다. 어머니는 남편이 아니라 아들에게 모든 것을 걸었다. 아들 김대중이 일찍부터 두각을 나타냈기 때문에 자식 키우는 보람이 있었다. 김대중은 코흘리개 어린 시절에 어머니 몰래 가재도구를 가져다 엿을 바꿔 먹었다가 실컷 두들겨 맞은 이야기를 두고두고 했다. 어머니는 아들을 명문 상급 학교에 진학시키기 위해 육지인 목포로 이사를 가서 여관업을 하며 아들의 학업을 뒷바라지했다. 어머니의 한을 가슴속 깊이 간직한 김대중은 명문 목포상고에 수석 입학한 이후 탄탄대로를 달렸다.

어머니는 장사 수완이 좋아서 집안 살림을 이끌어갔는데, 아들 김대중이 그것을 물려받은 것 같다. 아들은 20대 때 해운업으로 꽤 많은 돈을 번 뒤 〈목포일보〉라는 신문사를 인수해 사장이 되었다. 김대중은 "만약 내가 사업을 했더라면 크게 성공했을 것"이라고 말한 적이 있다. 그러나 어머니는 사업보다 교육 쪽을 택해 아들을 가르쳤다. 어린 시절 어머니의 현명한 선택이 훗날 아들을 불굴의 정치

지도자로 만들었다.

가난하고 똑똑한 시골 아줌마, 노무현의 어머니

"아들아, 네가 장차 훌륭한 사람이 되어서 가난이 없는 세상을 만들어다오!" 산골 마을 친척들에게조차 천대받았던 어머니는 철없는 아들을 붙잡고 울면서 말했다. 어머니는 남편과 남의 땅을 경작하는 소작농을 했고, 그마저 여의치 않을 때는 정부의 산간 개척 작업에 동원되어 일당으로 받고 근근이 살았다. 7남매를 혼자 키우다시피 하니 얼마나 힘들었겠는가? 그래도 입심 좋은 어머니는 기죽지 않았다. 동네 사람들에게 우리 아들이 '노천재'라는 소리를 들을 정도로 공부를 잘한다고 자랑하다가 친척들의 미움을 사기도 했다.

노무현의 어머니 이순례 여사는 억척스러운 똑순이형이었다. 어머니의 소원대로 아들은 훗날 대통령이 되어 가난 없는 세상, 차별 없는 세상을 만들기 위해 노력했다. 동네에서 '가장 말 잘하는 아줌마'로 통했던 어머니를 닮았는지, 노무현은 어릴 때부터 언변이 좋았다. 학창 시절에는 웅변으로, 정치인 시절에는 명연설로, 대통령 재임 중에는 감동 연설로 날렸다. 물론 설화(舌禍)도 적지 않았지만, 노무현 대통령 관련 책이나 자료를 보면 아버지 이야기는 거의 없고 어머니 이야기가 대부분이다. 그만큼 어머니의 영향을 많이 받았다는 뜻이다.

매일 새벽 기도 드리는 살림꾼, 이명박의 어머니

고된 장사 일에도 불구하고 새벽 기도를 빠짐없이 다니고 1주일에 서너 번씩 교회에 나갔던 독실한 크리스천 어머니들이 있다. 이명박 대통령의 어머니 채태원 여사는 신앙심 깊은 살림꾼이자 장사꾼이었다. 어머니는 평생 새벽 5시면 어김없이 일어나 7명의 자식을 줄줄이 앉혀 놓고 가족과 동네와 나라를 위해 기도했다.

눈보라 치던 새벽, 이명박은 눈을 비비고 일어나 무릎 꿇고 기도하던 코흘리개 시절을 두고두고 잊지 못했다. 어머니의 간절한 기도의 힘은 천하장사도 당해내지 못한다. 어머니는 남편이 사업으로 돈을 몽땅 날리자 행상과 야채 장수, 뻥튀기 장수 등 온갖 궂은일을 하며 억척스럽게 집안 살림을 꾸려갔다.

이명박은 5살 때부터 어머니로부터 '3가지 특수 훈련'을 받았는데, 기도하는 법과 새벽 4시면 일어나는 법, 그리고 장사하는 법이었다. 이런 생활 습관은 훗날 그를 '불도저', '컴도저(컴퓨터 불도저)'로 만들었고, '샐러리맨의 신화'를 만든 원동력이 되었다.

이명박은 대학 3학년 때 한일 회담 반대 시위를 하다가 서대문형무소에 갇혔을 당시, 면회 온 어머니가 했던 짧은 말 한마디를 영원히 잊지 못했다. "나는 네가 별 볼 일 없는 아들인 줄 알았는데 대단하구나!" 처음 듣는 어머니의 칭찬이 평생 삶의 에너지가 되었다. 이명박은 훗날 《어머니》라는 책을 내고 어머니에 대한 그리움을 가득 담았다.

세상 사람들이 존경하는 영부인, 박근혜의 어머니

육영수 여사에 대해 무슨 설명이 필요하겠는가? 충청도의 부잣집 딸로 태어나 군인의 아내가 되었고, 최고 권력자의 아내가 되었으니, 그 자부심과 신중함은 상상을 초월하리라. 박정희 대통령이 집권한 18년 동안 아내인 육 여사와 관련된 구설수나 부정부패 의혹이 거의 없었다는 것은 우리 영부인 역사에 드문 일이다. 권력을 한 손에 쥔 통치자의 아내가 사치나 낭비, 인사 개입설에 자유로웠다는 건 높이 평가받을 일이다. 육 여사는 자기 관리에 철저했다. 남편이 5·16 쿠데타에 성공하자마자 매주 분야별 전문가들을 한 명씩 불러

'영부인 수업'을 받았다. 육 여사는 자식들에게도 근검절약 정신을 엄격히 가르쳤다. 덕분에 3남매가 호화로운 생활을 했다는 얘기는 들리지 않았다.

육영수 여사는 자애로운 국모(國母)형이었다. 세상을 떠난 지 45년이 지났지만 아직도 그를 추모하는 사람들이 많다. 불행하게도 만딸 박근혜 대통령이 국정 농단에 휘말려 탄핵까지 당했으니 어머니로서 할 말이 없을 것이다. 만약 어머니가 곁에 있었다면 최순실 국정 농단 사태는은 일어나지 않았을 거라는 부질없는 생각을 해본다.

차기 대권 주자들의 어머니

내 아들이 대통령이 된다면 얼마나 자랑스럽겠는가? 하지만 대통령이 되기까지 험난한 과정을 마음 졸이며 지켜보아야 하는 것도 어머니의 몫이다. 요즘 언론에 자주 나오는 황교안, 이낙연, 홍준표 세 사람 어머니들의 삶을 보면, 우열을 가리기 힘들 정도로 눈물겨운 삶을 살았다.

황교안의 어머니는 가뜩이나 가난한 살림에 막내인 황교안을 40대 중반에 낳았다. 훗날 황 대표는 하도 고생을 많이 해서 40대인데도 할머니처럼 폭삭 늙어버린 어머니의 흑백사진을 보여주며 신앙 간증을 했다. 황 대표는 1996년부터 자신이 다니고 있는 교회에 매년 어머니의 이름을 따서 '전칠례 장학금'을 지급하고 있다.

이낙연 총리는 2018년 5월 8일 어버이날에 맞추어 7남매가 공동으로《어머니의 추억》이라는 책을 출간했다. 이 총리의 어머니는 6·25 피난길에 두 아들을 잃고 젊은 나이에 소박맞으며 억장이 무너지는 일을 수없이 겪어서 눈물마저 말라버린 어머니였다.

홍준표의 어머니는 한글을 모르는 까막눈 문맹의 소작농이었고 나중에는 과일 행상을 해서 아들의 학비를 마련했다. 어머니가 고리 사채꾼에게 머리채를 휘어잡혀 곤욕을 치르는 장면을 홍준표는 지금도 잊지 못한다. 다른 대선 주자들의 어머니가 살아온 삶도 결코 만만치 않았다.

대통령을 만든 아버지들,
무엇이 다른가?

아버지를 연구해야 한다

권력자에게 아버지는 어떤 존재일까. 심리학에서는 아버지를 인간의 뇌리 속에 깊이 박혀 있는 '영원한 권위체(權威体)'로 본다. 프로이트는 아들이 아버지를 증오하면서도 자기도 모르게 아버지를 닮아간다고 주장했다. 아버지는 아들에게 '남성적 세계관'과 함께 강인한 권력의지를 심어주지만, 파괴적 폭력성도 함께 물려준다. 제2차 세계대전 당시 미 국무성은 히틀러의 아버지를 연구한 후부터 전세(戰勢)를 뒤집기 시작했다. 포악한 히틀러의 아버지가 어머니를 학대했다는 사실을 통해 히틀러의 심리 상태를 파악할 수 있었다.

리더십 분야에서 아버지에 대한 연구는 매우 중요하다. 특히 아버지의 '직업'은 훗날 아들의 세계관에 많은 영향을 미친다. 포터(A. Porter) 박사에 의하면, 정치 지도자의 아버지는 훗날 자식의 정책 수립과 권한 행사에 많은 심리적 영향을 미친다. 아버지의 성격이 훗날 아들딸의 정책에 영향을 준다니, 놀랍지 않은가?

이제 우리는 성공한 권력자를 만들기 위해 그들의 아버지를 연구해야 한다. 우리나라 대통령들의 아버지는 어떤 사람들이었는가? 당신의 아버지는 어떤 사람인가? 당신은 어떤 아버지가 되고 싶은가?

한 많은 수재형 공무원, 문재인의 아버지

"나는 아버지를 별로 닮지 않았다고 생각했다. 그런데 나이 들면서 거울을 보면 때때로 내 얼굴에서 아버지의 모습이 보여 놀랄 때가 있다. (아버지는) 알게 모르게 많은 걸 내 안에 남기고 가신 분이었다." 문재인의 자서전 《운명》에서 한 말이다.

나도 가끔 거울을 보다가 내 아버지의 모습이 보여서 깜짝 놀랄 때가 있다. 당신은 어떤가? 왠지 거리감이 있는 것 같지만 의외로 닮은 구석이 많은 존재, 그게 아버지다. 문재인 부자(父子)는 성격과 직업, 삶의 방향에서 닮은 점이 많다. 머리가 좋고 말수가 적으며 원칙을 중시하고 문제의식이 있는 것까지 말이다.

문재인의 아버지 문용성 씨는 오늘날로 치면 지방자치단체의 국·과장급 간부 공무원이었다. 요령 피우는 것과는 거리가 멀고 오직 주어진 일만 성실하게 해내는 전형적인 공무원 유형이었다. 아버지는 일제강점기 때 함경도에서 명문으로 꼽히는 함흥농고를 나왔다. 일대에서 웬만한 실력이 아니고는 들어가기 어려운 명문고를 문재인의 아버지는 가볍게 합격했고, 졸업하자마자 공무원 시험에 합격해 함흥시청 공무원이 되었다. 농업계장에 이어 농업국장까지 했다. 천상 공무원 스타일이었던 아버지는 공산당 입당을 강요받았지만 끝까지 거절하며 버텼다고 한다. 당시 북한 정권하에서 공무원이 출세의 관문인 공산당 입당을 거절했다는 건 쉬운 일이 아니다. 그만큼 정치와는 거리가 멀었다.

아버지는 북한 치하에서 흥남시청 농업계장을 맡아 평화로운 나날을 보내고 있었는데, 6·25 전쟁이 터졌다. 아버지의 인생이 완전히 바뀌는 순간이었다. 아버지는 1950년 12월 말 아내와 젖먹이 딸(문재인의 누나)을 안고 그 유명한 흥남 부두에서 배를 탄 뒤 2박 3일 동안 배 밑창에서 먹고 자면서 남쪽으로 피난을 왔다. 배에서 미군이 크리스마스라며 사탕 몇 개를 주었다고 한다. 그렇게 눈 내리던 크리스마스에 사탕을 먹으며 38선을 넘었다. 고향과의 영원한 이별이자 가난의 시작이었다.

월남한 아버지는 거제 포로수용소에서 막노동이나 다름없는 일을 했다. 그러다가 부산의 양말 공장에서 양말을 싸게 구입해서 전남 지역 판매상들에게 공급하는 일을 몇 년 동안 했으나 돌아온 것은 부도와 빚뿐이었다. 아버지는 무너졌고 두 번 다시 일어서지 못했다. 문재인 대통령은 훗날 자서전《운명》에서 "아버지는 장사 체질이 아니었다. 조용한 성품이었고, 술도 마실 줄 몰랐다. 그저 공무원이나 교사를 했으면 체질에 맞을 분이었다"라고 말했다. 아버지는 아들에게 책 읽는 즐거움을 가르쳐주었다. 장사를 하러 나갔다가 한 달 정도 지나서 집에 돌아오곤 했는데 그때마다 동화책, 아동문학, 위인전을 가져왔다.《안데르센 동화집》,《어린이용 플루타르코스 영웅전》,《장소천의 아동문학》,《집 없는 아이》등을 읽다가 책의 재미에 눈뜬 문재인은 중·고등학교 6년 동안 교내 도서관에서 엄청난 양의 책을 읽었다.

훗날 문재인은 "나는 독서를 통해서 세상을 알게 됐고, 인생을 알게 됐으며 사회의식도 생겼다!"라고 말했다. 문 대통령이 훗날 네팔 히말라야 산맥이나 카트만두 트레킹 같은 해외여행을 좋아했던 것도 중학생 때 읽었던 김찬삼의《세계일주 무전여행기》의 영향 때문이었다.

문재인은 아버지를 '사회의식이 깊은 분'이라고 표현했다. 비록 가난 속에서 숨죽여 지냈지만 그 나름대로 비판 의식이 있었다는 것이다. 1964년 한일 협정 반대 시위가 한창이던 무렵, 아버지가 옆집 대학생에게 부당성을 설명하거나, 박정희 정권의 과도한 중상주의를 비판하는 모습을 보기도 했다. 진보적인 신문이나 잡지를 구해 구독하기도 했다. 아들 문재인도 일찌감치 중·고등학교 때 사회의식을 가졌고, 대학에 들어가서는《전환시대의 논리》,《베트남 전쟁》같은 진보 서적을 읽고 민주화 운동에 참여하게 되었다. 부자지간에 삶과 시각이 많이 닮지 않았는가? 문재인의 아버지는 아들이 사법 고시에 합격하는 것도 보지 못하고 가장 힘든 시기에 세상을 떠났다. 이런 점이 아버지에게 평생 죄스럽고 회한으로 남아 있다.

문재인 정부는 2019년 5월에 아버지와 어머니가 자식을 '물리적으로' 체벌하지 못하도록 민법을 추진하고 있다. 사실 부모의 체벌을 허용하는 나라는 우리나라와 일본 정도에 불과하다. 해외에서는 1979년 스웨덴을 시작으로 2018년까지 54개국이 자녀의 체벌을 법으로 금지했다. 이제 우리나라에서 '사랑의 매'라는 말은 사라지게 됐다. 1970년 말 특전사 시절부터 군내 폭력을 없애는 데 앞장서 온 문재인 대통령의 의지가 반영된 것으로 보인다. 문 대통령 본인도 어릴 때는 물론 학창 시절에 아무리 말썽을 피웠어도 부모에게 매를 맞아본 적이 없고, 그 자신도 자식들을 때려본 적이 없다고 한다. 대통령의 과거 경험이 훗날 미래의 정책에 반영된 것이다.

자부심 강한 족보학자, 이승만의 아버지

교직에서 퇴직한 후 친구들과 함께 유유자적 국내 여행을 다니는 70대 어른이 생각난다. 집 안에서는 엄하지만 집 밖에서는 부드러운 대한민국 아버지의 모습이 이승만의 아버지에게서 그려진다. 흔히 진보 지식인들은 이승만 대통령을 '왕 같은 대통령'이라고 비판했다. 긴 수염을 늘어뜨리고 "에헴!" 하며 헛기침을 하던 조선 시대 왕처럼 국가를 제멋대로 좌지우지했다는 것이다. 이 대통령이 집권 12년 동안에 보여준 가부장적 통치에는 아버지의 영향이 컸다. 족보학자였던 아버지 이경선은 아들 이승만이 어렸을 적부터 조선왕조의 직계 후손이라는 자긍심을 불어넣어 주었다. 앞에서도 언급했듯이 이승만은 조선 제3대 왕인 태종의 장남(양녕대군)의 16대 후손이자 6대 독자로 외아들이다.

그랜빌 스탠리 홀(Granvill Stanley Hall) 박사에 의하면, 독자(獨子)는 과도한 애정과 간섭을 받고 자라기 때문에 자아의식과 의존 심리가 강하다. 독자는 집안에서 유아독존적 존재(single star)의 위치를 차지해서 자존심이 세고 신경질적인 경향이 강하다고 한다.

당신의 아들이 하버드대를 나왔다면 얼마나 자랑스럽겠는가? 왕년의 영화배우 남궁원의 아들 홍종욱이 하버드대를 우수한 성적으로 졸업해 화제가 된 적이 있었다. 국회의원과 언론사 대표를 지낸 그가 2019년 5월부터 차기 대권에 도전한다는 말이 나오고 있다.

그런데 이승만은 100여 년 전에 조지워싱턴대 학사에 이어 하버드대 석사, 프린스턴대 박사 학위를 받았다. 요즘에도 이렇게 화려한 학력을 가진 사람은 드물다. 이는 아버지 이경선의 교육열이 크게 작용했다. 엄한 교장 선생님 스타일이었던 이승만의 아버지는 어릴 때부터 아들에게 족보를 주며 달달 외우도록 엄명을 내렸다. 어린 이승만은 난해한 족보 공부를 하는 것이 싫었지만, 외우다 보니 화려했던 조상들의 내력을 알고 엘리트 의식을 갖게 되었다.

이승만은 조선왕조의 흔적이 여전히 남아 있던 전근대적인 사회에서 아버지로부터 선민의식과 우월감, 엘리트 의식을 배웠고, 이는 훗날 가부장적 카리스마의 뿌리가 되었다. 가부장적 가풍 탓인지 이승만은 아버지에 대한 존경심이 대단했다. 이 대통령은 재임 중에 《우남 이승만전》이라는 제목의 자서전을 출판했는데, 아버지의 이름 뒤에 존칭이 빠졌다는 이유로 경찰을 동원하여 이미 발간된 자서전을 모조리 압수해 폐기 처분했다.

'왕의 심리'가 강했던 이 대통령은 공·사석에서 종종 '왕손', '백성들', '과인' 같은 조선 시대 용어를 사용하고, 충성파 측근들은 그를 '어르신', '국부님'이라고 불렀다. 청와대 경호실장에 해당하는 경무대 국장으로 이승만 정권의 돌격 대장인 곽영주는 4·19 혁명재판정에서 평소 이 대통령 앞에서 하던 습관대로 "재판장님! 황공하옵니다.", "통촉해주시옵소서!" 등의 용어를 사용했다가 판사로부터 지금 재판정에서 장난하냐는 질책을 받기도 했다. 1950년대에 대통령과 참모들 사이에서 조선 시대 말투로 주고받았다는 사실이 놀랍다. 아마 이 대통령의 뇌리에는 군주(君主) 의식과 왕 콤플렉스가 강하게 자리 잡고 있었을 것이다.

이승만은 어린 시절을 보수적인 유교적 환경에서 보냈지만, 30세 때 미국으로 유학을 떠난 이후 40년 년간 해외에서 독립운동을 했다. 이로 인해 이승만의 정신세계는 '유교적 사고'와 '서구적 사고'

가 공존하고, '닫힌 생각'과 '열린 생각'이 공존하고 있었다. 이 대통령이 미국 본토로, 하와이로, 중국 상하이로 떠돌며 독립운동을 한 것은 아버지의 '역마살'을 물려받은 것 같다. 한량 기질이 많았던 아버지 이경선은 전국 방방곡곡을 유유자적 돌아다니느라 가정에 소홀했다. 선대로부터 물려받은 재산이 꽤 많았지만, 친구들과 어울려 다니기를 좋아하고 어려운 사람들에게 베푸는 것을 좋아해서 이승만이 태어나기도 전에 대부분의 가산을 탕진한 상태였다. 이승만의 아버지가 차분하게 집에 머무는 시간이 많지 않았기 때문에, 주로 어머니와 누나가 이승만을 보살폈다.

심리학적으로 유소년기에 할머니, 어머니, 누나 같은 여성들의 영향을 많이 받으면, 감성이 풍부하고 변덕스러우며 자기중심적인 감성적 세계관을 갖게 된다. 심하면 어머니에게 응석을 부려서 대접을 받고 싶어 하는 어린아이 같은 심리적 마마보이(psychological mama'boy) 경향이 나타나기도 한다. 이 대통령이 훗날 정적들을 과감히 제거하고 국정을 독선적으로 이끌어간 심리적 배경에는 아버지의 가부장적 스타일과 어머니의 과잉보호가 동시에 영향을 미친 것으로 분석된다.

호랑이 같은 무관(武官), 박정희의 아버지

'귀신 잡는 해병대'라는 말이 있다. 박정희의 아버지 박성빈의 삶을 보면, 해병대 예비역 이미지가 그려진다. 군대에서 펄펄 날다가 군복을 벗고 술로 지내는 비운의 군인 말이다. 박정희 아버지는 구한말 무과(武科)에 합격했지만 돈도 없고 배경도 없어서 군복을 벗고 무위도식하다시피 하던 시대의 낙오자였다.

박정희 아버지의 인생은 공교롭게도 아들의 인생 역정과 너무나 닮았다. 아버지 박성빈 씨는 과거(무과)에 합격하고도 유력한 후견인이 없어서 관리가 되지 못하자, 부패 정치에 환멸을 느껴 동학혁명에 가담했다가 체포된다. 그러다가 처형 직전에 사면되어 위기를 모면했다. 아들 박정희의 삶을 보자. 만주 군관 학교와 일본 육사를 우수한 성적으로 마쳤지만, 제2공화국의 부패 정치에 환멸을 느껴 남로당에 가담했다가 체포된다. 그러다가 처형 직전에 사면되어 위기를 모면했다. 둘 다 혁명을 꿈꾸었고 죽을 고비를 넘겼으며, 술을 좋아하고 성격이 강한 점도 닮았다. 훗날 박정희 대통령은 청와대에 걸려 있는 아버지의 사진을 가리키며 장조카인 박재홍에게 "네 할아버지는 참 무서운 양반이었다. 지금 생각해도 무섭다"라고 술회했다고 한다.

박정희의 아버지는 평소에는 조용하다가 화가 나면 쩌렁쩌렁한 목소리로 호통을 쳤다. 주량은 한 번 마셨다 하면 끝장을 보는 두주불사형이다. 술에 취해서 흥이 나면 큰 소리로 시조를 읊는 낭만적 기질도 있었다. 주량, 술버릇, 낭만적 기질, 음주가무에 이르기까지 아들은 아버지를 무서워하면서도 닮아가는 '동일시 현상'이 고스란히 나타났다. 박정희에게는 또 한 명의 '아버지'가 있었다. 바로 셋째 형 박상희였다. 아버지를 대신해서 집안을 이끈 셋째 형의 존재는 막내인 박정희에게 절대적이었다. 박정희는 가끔 셋째 형의 방에 몰래 들어가서 책을 읽었다. 형의 방에서 읽었던 《성웅 이순신》과 《나폴레옹 전기》는 박정희가 군인이 되겠다고 결심한 계기가 되었다. 무서운 아버지와 엄격한 형 밑에서 자란 탓일까? 박정희는 '차돌', '사무라이', '독사'라는 별명처럼 강한 아이로 성장했다. 부전자전이다.

엄한 아버지의 영향을 받은 박정희 대통령은 딸 박근혜를 '남자답게' 키웠다. 어린 딸에게 또래 여자애들이 즐겨 읽는 순정 소설 대신 남자애들이 즐겨 읽는 《삼국지》, 《삼총사》 같은 무협지나 전쟁소설을 사다 주었다. 박근혜는 소설 속의 조자룡, 달타냥 같은 무사를 흠모하면서 작대기로 전쟁놀이를 하며 자랐다. 집안에서 내려온 남성적 기질을 어릴 때부터 익힌 것이다. 문제는 그런 남성적 기질이 대통령이 되기 전에는 도움이 됐지만, 대통령이 된 후에는 딱딱하고 권위주의적인 형태로 변질될 수 있다는 점이다.

힘 좋고 괄괄한 소상인, 전두환의 아버지

우리 주변에는 아들보다 체격이 좋고 건장한 아버지들이 있다. 혹시 당신도 그런 아버지가 아닌가? 전두환의 아버지 전상우 씨가 그런 타입이었다. 그 나름대로 지식도 있고 배짱도 두둑한 소상인이었고 기골이 장대하고 욱하는 성질도 있었다. 1982년 5월에 전두환 대통령이 출판하려다 포기한 《촛불》이라는 제목의 자서전에 의하면, "아버지는 유도 3단의 일본 시즈오카 순사부장을 '요덕뜸'이라 불리는 백릿길의 낭떠러지로 내던져버린 애국자였다"는 대목이 나온다. 실제로 그랬다면, 보통 담력과 완력이 아니다. 일제강점기에 마을 구장을 지낸 것을 보면 지식 수준이 꽤 높았고, 지인의 노름꾼 빚보증을 서주는 것을 보면 의리도 강했던 것 같다.

전두환의 아버지가 일제강점기에 일본 경찰을 낭떠러지 밑으로 집어던지고 야반도주했다는 게 사실이라면 보통 강심장이 아니다. 일본 순사들의 보복을 피해 온 가족이 만주로 도망간 지 2년 만에 고향으로 돌아오는 바람에 전두환은 또래들보다 1~2년 늦게 호란보통소학교를 졸업했다. 1947년에는 대구공업중학교에 입학하여 50리(약 20킬로미터)나 되는 등·하굣길을 혼자 다녔다고 한다.

전 대통령은 학창 시절과 육사 시절에 학업 성적이 좋지 않았지만 남보다 앞서고야 말겠다는 '선두 강박심리'가 유달리 강했다. 강한 아버지와 억센 어머니의 피를 물려받은 덕분인지 전두환은 12·12 사태를 일으키고 5·18 민주화운동도 무력으로 제압했다. 이 때문에 두고두고 국민적 지탄을 받고 있다.

낭만적인 지방 공무원, 노태우의 아버지

퇴근하자마자 귀가해서 아이들과 놀아주는 자상한 아버지, 악기를 사 와서 가족들을 위해 연주하고 노래를 불러주는 아버지였다. 요즘에는 이런 아버지가 많지만, 옛날 1930~1940년대만 해도 드물었다. 노태우의 아버지 노병수 씨는 일제강점기에 보기 드물게 친구 같은 아버지였다. 동네 유지인 면(面) 서기여서 생활에 어려움이 없었던 아버지는 1930년대 초반에는 보기조차 힘들었던 스케이트를 타는가 하면, 바이올린, 유성기, 퉁소 등의 악기를 구입해서 연주하기도 했다. 경제적인 여유와 낭만이 있었던 아버지 덕분에 어린 노태우는 또래 아이들이 구경도 못했던 장난감으로 친구들의 부러움을 샀다. 훗날 노태우가 하모니카와 퉁소 같은 악기를 잘 다루고, 휘파람을 유난히 잘 불었으며 〈베사메 무초〉 같은 외국 노래를 멋지게 부를 정도로 예술적 감각이 남달랐던 것은 아버지를 고스란히 닮은 것 같다.

그런 아버지가 노태우가 7살이 되던 해인 1938년에 교통사고로 갑자기 세상을 떠났다. 아버지는 자전거에 중학교 시험을 보러 가는 동생을 태우고 가던 중, 건널목에서 기차와 충돌하는 바람에 29세의 젊은 나이에 죽고 말았다. 신이나 왕처럼 절대적인 존재였던 아버지가 한순간에 사라졌을 때 그 아들이 겪는 정신적 충격과 불안감은 상상을 초월한다. 가세(家勢)마저 급속도로 기울어 장남이었던 노태우의 심적 부담감은 매우 컸다.

이는 훗날 전두환이라는 든든한 친구에 대한 의존 심리로 작용했을 것으로 분석된다. 모토후미에 의하면, 아버지의 물리적, 심리적인 부재는 자아의 미발달을 초래한다. 자아의 미달은 또 성격 형성에 영향을 미친다.

다행스럽게도 삼촌의 도움을 받아 노태우는 학업을 계속할 수 있었다. 작은 문방구 공장을 운영하던 삼촌(노병상)은 자기 때문에 형님(노태우의 아버지 노병수)이 세상을 떠났다는 죄책감 때문에, 어린 조카를 뒷바라지해주었다. 노태우는 어린 나이에 엄마 품을 떠나 친척 집에서 학교를 다니다 보니 아무래도 눈칫밥을 먹을 수밖에 없었다. 노태우 어머니는 틈만 나면 아들에게 "행여나 아비 없는 자식이라는 소리를 듣지 않도록 각별히 조심하라"라고 가르쳤다. 그러다 보니 "어린애답지 않다"는 말을 자주 들었다. 이런 성장 과정 때문에 노태우는 남의 눈치를 보고 매사에 신중하며 몸을 낮추는 처세술이 발달했을 것이다.

아들을 후원하는 지방 갑부, 김영삼의 아버지

빌딩을 몇 채나 가진 부자 아버지가 자식을 팍팍 밀어주면 얼마나 좋을까? 요즘 '부자 아빠'는 20~30대 젊은이들의 '로망'이다. 김영삼의 아버지 김홍조 씨는 요즘으로 치면 수백억 대 재산을 가진 부유한 사업가였다. 김영삼에게 어머니가 '정신적 후원자'였다면, 아버지는 '물질적 후원자'이자 '정치적 후원자'였다. 아버지는 1남 5녀 중 외아들인 김영삼의 정치적 미래를 위해 모든 것을 쏟아부었다.

1930년대 말 일제하에서 모두가 어렵게 살던 시절에 아버지는 정치망 멸치 어장과 어선 10여 척을 소유해 거제도 일대에서 제일가는 갑부였다. 아버지는 외아들이 돈에 구애받지 않고 정치적 나래를 마음껏 펴도록 물질적인 후원을 아끼지 않았다. 시쳇말로 '참 좋은 부자 아버지'였다. 아버지의 후원 덕분에 아들 김영삼은 자아의식이 강하고 자신감이 넘치는 진두지휘형 지도자로 성장할 수 있었다.

김영삼은 야당 투사로는 드물게 물질적으로 넉넉하고 주변 사람들에게 후하다는 평을 들었다. 특히 명절 때마다 김영삼이 측근들과 출입 기자들에게 선물했던 거세도산(産) 'YS 멸치'는 인기였다. 'YS 멸치를 받아보지 못한 사람은 YS를 모르는 사람'이라는 말이 있을 정도였다. 김영삼의 자금줄은 마르지 않았는데, 모두 아버지의 후원 덕분이었다. 김대중이 늘 자금줄이 말라서 애를 먹는 것과는 대조적이었다.

김영삼은 야당 시절은 물론, 대통령 재임 중에도 매일 새벽 아버지에게 안부 전화를 거는 것으로 일과를 시작했고, 아버지의 생일에는 한 번도 거르지 않고 꽃다발을 보냈다. 1992년 대선에서 승리했을 때는 바로 거제도에 내려가 아버지에게 '대통령 당선증'을 주며 큰절을 올리는 모습이 언론에 보도되었다.

일찌감치 아버지 살아생전에 어머니가 묻힌 거제도 대계마을 뒤쪽으로 바다가 훤히 내려다보이는 명당 자리에 아버지의 가묘와 비석을 마련해 두었을 정도로 김영삼의 효성은 지극했다. 아버지 김홍조 옹은 아들이 대통령으로 재임 중에 주변의 권유에도 불구하고 한 번도 청와대를 방문하지 않을 만큼 처신에 만전을 기했다. 실제로 김 대통령 재임 중에 아버지와 관련된 루머나 의혹은 거의 없었다. 김영삼이 '통 큰 지도자', '따뜻한 보스'라는 호평을 들었던 것은 아버지 김홍조 씨의 '통 큰 지원'이 있었기에 가능했다.

시골의 비판적인 지식인, 김대중의 아버지

소명감을 갖고 세미나도 열고 방송도 출연하면서 사회변화에 앞장서는 열린 지식인들이 있다. 김대중의 아버지 김운식 씨는 그런 사람이었다. 요즘으로 치면 지방에서 '역사문제연구소' 같은 간판을 내걸고 활발하게 활동하는 시민사회 운동가에 해당한다. 요즘도 마을마다 여론을 주도하는 리더들이 있다. 일제강점기에 하의도에서 이장(里長)을 지낸 김운식 씨는 마을 사람들의 민원을 해결하다 보니 자연히 정치에도 관심이 많았다. 하의도 섬에서 유일하게 신문을 구독했고, 집으로 찾아오는 사람들과 세상 돌아가는 이야기를 나누었다. 아버지는 하의도에서 배를 타고 멀리 목포와 광주, 서울을 오가며 마을 사람들의 소작쟁의 운동을 주도적으로 도왔다.

어린 김대중은 그런 아버지의 활동을 어깨너머로 보면서 정치 감각을 익혔고, 집으로 배달되는 신문을 읽었다. 자서전에 의하면, 김대중은 8살 때부터 일간신문의 1면 정치면을 즐겨 읽으며 사회를 보는 폭넓은 시각을 습득했다고 회고한 바 있다.

아버지는 역사의식과 반일 의식이 강했다. 일본인들이 강제로 가르쳤던 일본어를 의도적으로 배우지 않았고, 아들에게 역사의식을 불어넣어 주었다. 당시에는 불온 문서에 해당하는 조선왕조의 계통도(系統圖)를 집안에 숨겨 두었다가 가끔 꺼내 아들에게 설명해주는가 하면, 우리 민족의 우수성을 일깨워주었다. 훗날 김대중 대통령의 민주화 운동과 반독재 투쟁, 민족주의적 진보 노선은 그런 깨어 있는 아버지에게 뿌리를 두고 있다. 아버지의 'DNA'를 물려받은 것이다.

교육심리학자 디키와 거버(Dikie & Gerber) 박사의 연구 결과에 의하면, 특별한 교육을 받은 부모가 그렇지 못한 부모보다 자녀에게 훨씬 더 좋은 영향을 미쳤다. 예컨대, 12개월 미만의 어린 자녀를 둔 중산층 부모를 대상으로 8주간 교육을 한 뒤에 변화 정도를 측정했더니, 교육을 받은 부모들이 교육을 받지 못한 부모들보다 자녀들과 훨씬 더 좋은 관계를 맺고 있었다. 즉, 깨어 있는 부모일수록 자식들이 성공할 가능성이 높다.

역사적으로 저항 의식이 강했던 하의도 섬의 특성은 김대중에게 중요한 외부 환경 요인이었다. 분석심리학자 칼 융에 의하면, 조상들의 관습이나 문화, 의식, 심지어 신화도 후손들에게 부지불식간에 유전된다. 미국, 중국, 일본의 역사적 환경이 각기 다르고, 경상도와 호남의 역사적 환경이 각각 다르듯이, 하의도는 역사적으로 유배지,

동학운동, 일제하 소작쟁의 등을 거치며 특유의 저항적 문화를 갖고 있었다. 자연히 섬사람들은 진보적 생각을 갖게 되었다.

아버지 김운식은 정치가적 기질 못지않게 낭만적 기질도 많았다. 특히 예능 쪽에 소질이 많아서 〈쑥대머리〉를 즐겨 불렀고, 1930년 대 당시로서는 매우 귀했던 축음기를 사서 들을 정도였다. 만약 아버지가 판소리 공부를 제대로 했더라면, 명창이 되었을 것이라고 한다. 김 대통령은 노래를 잘 부르지는 못하지만 판소리와 국악을 유난히 좋아했다. 김대중은 아버지로부터 '역사의식'과 '저항 정신' 그리고 '예술적 감각'을 고스란히 물려받았다.

가난하지만 자존심이 센 산골농부, 노무현의 아버지

"아부지, 어디 계시노?" 노무현 대통령의 대표적인 자서전인 《여보, 나 좀 도와줘》를 읽어보면, 아무리 찾아봐도 아버지의 존재는 좀처럼 보이지 않는다. 노무현의 성장 과정에서 어머니는 넓은 공간을 차지한 데 비해 아버지는 지극히 협소한 공간에 머물러 있다. 어머니가 '야무진 똑순이'라면 아버지는 '조용한 이웃집 아저씨'였다.

아버지 노판석 씨는 경상도 오지인 봉화마을에서 8대째 뿌리를 내리고 살았다. 조상인 광주 노씨는 조선 시대에 제법 높은 관직을 지냈으나, 임금의 오해를 받고 경상도로 내려와 은거 생활을 하다가 봉화마을에 정착했다고 한다. 이곳에서 아버지 노판석은 아내와 함께 야산과 돌밭을 개간한 산기슭에 고구마를 심어 겨우 입에 풀칠했다. 어쩌다 영세민 취로사업장에 동원되면, 밀가루와 몇 푼 안 되는 돈을 받아 근근이 생계를 이어갔다. 아버지는 내성적이고 모질지 못한 무골호인(無骨好人)형이었다. 아들 노무현과는 정반대 성격이었다. 아버지는 일제강점기 말기에 3년간 일본과 중국을 오가며 힘겹게 번 돈을 동네 사람에게 몽땅 사기당한 이후로 아내의 구박 속에 무기력하게 살아갔다. 집안의 주도권이 어머니에게 완전히 넘어갔으니, 아버지의 존재는 미약할 수밖에 없었다. 경제력을 상실한 아버지의 삶이 고달프기는 예나 지금이나 마찬가지다.

노무현에게 아버지의 무기력함, 울타리처럼 보호해주던 형의 죽음, 어머니의 강인함은 그의 성격 형성과 세계관에 많은 영향을 준 것으로 보인다. 특히 어머니의 영향을 많이 받았다. 심리학적으로 유소년기에 어머니의 영향을 많이 받으면 감정이 풍부하고 즉흥적이며 열정적인 성향이 강해진다. 더구나 어머니의 성격이 아주 외향적이었기 때문에 노무현은 열정적인 사람에 가깝게 성장한 것으로 보인다. 도전적이고 튀는 노무현 대통령의 기질이 어머니를 닮은 반면에, 불의와 타협하지 않는 원칙의 정치는 아버지를 닮은 것 같다.

힘겹게 번 돈 다 날려버린 일꾼, 이명박의 아버지

1960~80년대의 파독 광부나 중동 근로자라고 할까? 국내에서 일자리가 마땅치 않아 멀리 해외로 일자리를 찾아 나선 아버지들이 있었다. 이명박의 아버지 이충후는 1935년 고향인 경북 영일군을

239

떠나 일본으로 일자리를 찾아 나섰다. 오사카 근교에서 소젖을 짜고 목초를 베는 목부(牧夫)로 열심히 일했다. 고향 머슴살이보다 더 힘들고 고달픈 생활이었지만, 어느 정도 돈을 벌자 잠시 귀국해서 결혼한 뒤 다시 일본으로 돌아가 줄줄이 6남매를 낳았다.

아버지는 10여 년간 일본에서 살던 중 해방되자 1945년 11월에 가족과 함께 귀국선에 올랐다. 당시 4세였던 이명박에게 잊을 수 없는 사건이 생겼다. 8명의 가족이 임시 귀국선을 타고 일본 시모노세키항을 출발해 부산항으로 오던 중 대마도 앞바다에서 배가 침몰하는 바람에 짐을 몽땅 바닷속에 잃어버렸다. 그때 평생 잊지 못할 일이 일어났다. 배가 침몰하는 일촉즉발의 상황 속에서 아버지가 가족들보다 다른 사람들을 먼저 챙기는 모습을 보았다. 남을 먼저 챙기고 희생하는 것은 좋지만 가족에게는 한없이 답답하고 융통성이 부족한 아버지였다. 그런 아버지였으니 가난은 날로 심해졌고, 가족의 생계는 고스란히 어머니의 몫으로 넘어갔다.

그래서인지 이명박의 자서전을 보면, 어머니가 차지하는 비중이 90%라면, 아버지는 10% 정도에 불과하다. 어머니는 '중심부'였고 아버지는 멀리 떨어진 '주변부'였다. 이는 어머니의 생활력이 워낙 강해서 집안의 주도권을 완전히 장악했기 때문인 것 같다.

아버지는 경상북도 일대인 영덕, 홍해, 한강, 곡강 등 포항 인근 장터를 이리저리 돌면서 옷감을 팔았는데, 신통치 않았다. 아버지는 28세 때 목사와 크게 언쟁을 벌인 뒤 한동안 교회에 다니지 않다가 다시 신앙생활을 재개해 1981년 뒤늦게 세례를 받았지만, 일주일 만에 세상을 떠나고 말았다. 그런 아버지 대신 어머니가 매일 새벽 4~5시면 어김없이 일어나 자식들을 줄줄이 앉혀 놓고 기도를 드렸고, 시장에서 뻥튀기, 국화빵, 과일 장사로 가족의 생계를 꾸렸다. 아버지는 무능의 늪에 빠져 있었다.

만약 어머니가 없었다면 어땠을까? 이명박의 어머니는 특유의 부지런함과 열정, 장사 수완을 아들 이명박에게 물려주었다. '얼리버드'나 '불도저' 기질도 어머니에게 물려받은 것 같다. 심리학적으로 아버지의 존재가 왜소하면, 그 대신 어머니의 존재를 내세우려고 한다. 이명박은 마음속으로 '나는 절대 아버지처럼 왜소한 존재가 되지 않을 거야!'라고 다짐하면서 성공의 고지를 향해 맹렬히 질주했을 것이다.

18년간 대한민국을 통치한 권력자, 박근혜의 아버지

박정희는 사실 '대통령'이 아니라 '전제군주'나 다름없었다. 18년 동안 나라를 통치했다면, 박 대통령 본인도 스스로 왕이라는 착각이 들 법도 하다. 곁에 있는 딸도 '공주님' 대접을 받았다. 이것이 바로 박정희와 박근혜 두 대통령의 '원초적 위치'였다. 나는 박정희 리더십을 연구할 때마다 갑옷을 입고 긴 칼을 찬 일본의 사무라이가 떠오른다. 실제로 박 대통령은 대통령이 된 뒤에도 청와대 관저에서 가끔 군복 차림에 긴 칼을 차고 거울을 보았다고 한다.

박근혜 대통령은 머리끝부터 발끝까지 아버지의 그림자(Shadow)가 지배하고 있을 것이다. 그래서 박근혜 대통령은 청와대와 당정 요로에 아버지와 인맥이 닿았던 사람들을 중용했고, 권위주의적이고 답답한 국정 운영 방식을 고수한 측면이 있었다. 아버지의 장점인 애국심, 경제력, 소탈한 서민 정신은 발전시키되, 아버지의 단점인 엄격함, 권위주의, 폐쇄성은 과감하게 바꿔나갔어야 했지만 그렇지 못해 최악을 상황을 맞고 말았다.

아버지 박정희 대통령은 딸에게 인도의 네루 수상이나 미얀마의

242

아웅산 장군처럼 영원한 멘토이자 버팀목이었다. 10·26 사태 이후 칩거 생활을 할 때도 아버지를 생각하면 기운이 불끈 솟고 정신이 번쩍 들었을 것이다. 아버지는 개인적으로 한없이 다정다감했다. 아내인 육영수 여사의 목에 있는 조그만 점까지 화폭에 담았고, 자식들에게는 풍금을 쳐주며 함께 노래 불렀다. 동시에 아버지의 존재는 딸에게 뼈아픈 아킬레스건이자 극복 대상이었다. 박근혜 대통령의 무의식 저변에는 자신도 모르게 아버지의 그림자로부터 벗어나고 싶은 몸부림이 있을 것이다. 아버지는 딸 박근혜에게 빛인 동시에 그림자였다.

대권 주자들의 아버지

우리 정치 지도자들의 아버지에 대한 분석은 좀 더 시간이 필요하다. 주요 정당 후보들의 윤곽이 드러나는 2020년 이후에 해도 늦지 않다. 차기 주자들의 아버지 가운데는 '부자 아빠'도 있고, '가난한 아빠'도 있었다.

대표적인 부자 아빠 1호는 아마 김무성의 아버지일 것이다. 일제 강점기 때 큰 회사를 운영하는 사업가였던 아버지는 김영삼 대통령의 야당 시절 후원자였다. 이런 인연으로 김무성은 상도동계에 합류하여 1970~1980년대 민주화 투쟁에 동참할 수 있었다.

두 번째 부자 아빠는 안철수 전 대표의 아버지일 것이다. 부산에서 의사이자 병원장으로 일했으니 부러울 게 없는 집안이었다. 아버

지는 안철수의 정치 입문 과정에서 정치적 조언을 아끼지 않았다고
한다.

김부겸의 아버지는 전도유망한 공군 장교였으나 운동권 아들 때
문에 마음고생을 하다가 중령으로 예편했다. 유승민의 아버지는 판
사를 하다가 정치에 입문하여 13~14대 국회의원을 지냈다. 기자 시
절에 국회에서 자주 만났던 유승민의 아버지는 '대쪽 판사'처럼 성
격이 곧고 직선적이었다. 부자 아빠들은 아들이 정치 지도자로 부상
하는 데 음양으로 도움을 줄 수 있었다.

이번에는 '가난한 아빠'들을 보자. 황교안 대표의 아버지는 막노
동과 고물상으로 생계를 꾸려갔다. 황 대표는 언론 인터뷰에서 고물
상을 하던 아버지의 고단한 삶을 회상하기도 했다.

홍준표 전 대표의 아버지는 일당 800원을 받는 조선소 야간 경비
원이었다. 1974년 어느 겨울밤, 아버지가 일하고 있던 울산 공사 현
장에 갔다가 어두운 바닷가 모래밭에 모닥불 피워놓고 플라스틱 목
욕탕 의자에 구부정하게 앉아 있던 아버지의 모습을 지금도 잊지 못
한다고 한다. 유시민은 어릴 적에 영양 부족으로 한쪽 눈이 실명 상
태였던 아버지가 안방에서 앉은뱅이책상에 앉아 호롱불 밑에서 책
을 읽던 뒷모습을 회상했다.

가난한 아빠들은 아들에게 어려움을 극복하는 의지와 세상을 보
는 지혜를 주었다. 부자 아빠와 가난한 아빠는 그들 나름의 방식으
로 자식에게 도움을 준 것이다.

행운을 부르는
가풍 만들기

가풍도 유전된다

"왕후장상의 씨가 따로 있나? 때가 오면 누구든지 할 수 있다!"

요즘도 종종 사용하는 이 명언은 12세기 고려 중기 '만적의 난'으로 유명한 노비 만적이 외친 말이다. 신분 해방과 함께 누구나 높은 자리에 갈 수 있다는 외침이었다. 어찌 보면, 홍길동, 임꺽정, 김삿갓도 모두 가문과 가풍에 대한 아픔을 간직한 사람들이다. 가문이 무너지는 것은 한순간이지만 가문을 세우는 것은 오랜 세월이 걸린다. 당신의 가문과 가풍은 어떤가?

미국에는 록펠러, 루스벨트, 케네디 같은 명문 가문(家門)이 있고, 유럽에는 합스부르크 왕가를 필두로 영국의 로스차일드 가문, 이탈리아의 콜론나 가문, 스웨덴의 발렌베리 가문이 있다.

우리나라에는 삼성, 현대, 롯데 같은 재벌가가 있다. 이들 국내외 명문 가문은 대대로 왕과 대통령, 수상, 장관 같은 고위직과 기업인을 잇달아 배출하거나 승계하면서 가풍(家風)을 형성하고 있다.

이와 관련해서 융은 '집단 무의식'이라는 개념을 통해 선조들의 관습이나 전통, 문화, 신화 등 '원시적 이미지'들이 후손들의 정신세계에 대대로 유전된다고 주장했다. 혹시 '보호령(保護靈)'이라는 말을 들어보았는가? 말 그대로 조상들이 후손들을 보호해주는 '영적인 에너지'가 있다는 것이다.

대한민국 대통령이 되려면 하다못해 논두렁 정기라도 타고나야 한다는 말이 있다. 여기서 '논두렁 정기'는 가문을 의미한다. 그런데 가문이나 가풍은 '지체 높은 고관대작'들에게만 있는 게 아니라, 우리 같은 '보통 사람들'에게도 있다. 1970~1980년대 '브리태니커 열풍'을 기억하는가? 제대로 읽지도 않는 고가의 《브리태니커 백과사전》 수십 권을 할부로 구입해 책장에 장식용으로 비치해놓은 심리 저변에는 명문가의 좋은 가풍을 닮고 싶은 심리가 있었다. 이제 한국 대통령들의 가문과 가풍을 간략히 살펴보자.

공직자 집안 & 교육자 집안 & 군인 집안

소나무 숲으로 빙 둘러싸인 곳에 마을이 있다고 해서 '솔안 마을'

이라고 불렀다. 일대에는 문씨 집성촌이 있었고, 명문으로 꼽히는 '함흥고등보통학교'와 '함흥농업고등학교'가 있었다. 이곳에서 문재인 아버지는 조상 대대로 살아왔다. 문재인이 어릴 때부터 자라온 환경을 보면 '공직자 집안 분위기'가 물씬 풍긴다. 아버지는 공부를 잘해서 함흥농고를 졸업하고 공무원 시험에 합격해서 공무원이 되었다. 술도 담배도 못하는 아버지는 오직 책이나 읽고 일만 아는 공무원 타입이었다. 월남한 이후에는 진보적인 잡지인 《사상계》를 즐겨 읽었다. 공직 외에는 맞는 일이 없어서 월남한 이후에는 고생이 심했다. 아들 문재인도 사법 고시에 합격하여 공직자나 다름없는 법조인이 되었고, 청와대 민정수석이나 비서실장도 공직이고, 대통령도 공직이다. 확실히 공직자 집안이다.

문재인 집안의 뿌리인 함경도 함흥은 한번 가면 소식이 없다는 뜻을 가진 '함흥차사'의 땅으로, 태조 이성계가 왕위에서 물러난 이후에 머물렀던 곳이다. 함경도는 압록강과 두만강의 발원지인 백두산을 아우르고 있는 지역으로 한때 고구려, 말갈족, 발해가 자웅을 겨루던 곳이었다. 19세기 조선 후기에는 젊은 지식인 홍경래가 관리들의 부정부패에 저항하여 이 일대에서 난을 일으켰다. '홍경래의 난'은 이후 한반도 각지에서 일어나는 농민운동의 시발점이 되었다.

문재인의 자서전을 보면, 초등학교 때 강냉이죽 배급을 받았던 것이 훗날 무상 급식에 관심을 갖게 만들었고, 중학교 때 놀러 갔던 친구 집에서 '식모'로 불리는 가사 도우미를 보고 세상의 불평등을 느껐다고 한다. 정의감에 불타는 선비의 심리라고 할까?

초대 이승만 대통령은 원래 '교육자 집안'이다. 아버지가 족보에 능한 한학자였고, 어머니는 서당 훈장의 딸이었으며, 이승만 본인은 미국에서 학사·석사·박사 학위를 받은 학자였다. 말년에 받아들인 양자 이인수 씨도 대학 교수였다. 만약 해방 정국이 아니었다면 이승만은 대학 교수나 총장을 했을지 모른다.

이승만의 아버지는 아들에게 '왕조를 이어 왕이 되어라'는 뜻을 담아 '이을 승(承)', '용 룡(龍)' 자를 합해 승룡이라고 이름을 지었다가 나중에 '늦을 만(晚)' 자로 바꾸어 승만(承晚)이라고 개명했다. 그랬더니 실제로 늦은 나이인 73세에 왕에 해당하는 대통령이 되었다. '시대가 영웅을 만든다'는 말처럼 해방정국은 이승만을 학자가 아닌 정치인으로 만들었고, 대한민국 초대 국회의장에 이어 초대 대통령에 오르는 상황을 만들었다.

군인이 여러 대에 걸쳐 나오는 집안이 있다. 박정희 가문은 할아버지, 아버지, 아들까지 3대(代)가 군인이었다. 아버지 박성빈이 무인이었고, 아들 박정희도 군인이었으며, 손자 박지만도 육사를 졸업했다. 박지만이 16살 연하인 아내와의 사이에서 낳은 4명의 아들이 훗날 어떤 직업을 택할지 궁금하다. 할아버지 박성빈은 조선 말엽 무과에 합격해 잠시 '효력부위'라는 벼슬을 지냈지만 돈도 없고 처세술도 능하지 못해 관직에 오래 머물지 못했다. 나중에는 '동학접

주'라는 제법 높은 신분으로 동학혁명에 가담했지만, 이것도 실패로 끝났다.

무너진 가문은 아들 박정희가 대통령이 되어 일으켜 세웠고, 10·26 사태로 다시 무너진 가문은 딸 박근혜가 대통령이 되어 부활했다. 기억하는가? 군복처럼 뒤 깃을 세운 셔츠에 단추를 잠근 이른바 '밀리터리룩'은 박근혜의 집안의 트레이드 마크였다. 그는 여성이지만 남성적인 환경에 익숙했다. 만약 박근혜에게 자식이 있었다면, 그는 군인이 되지 않았을까?

프랜시스 골턴(Francis Galton)에 의하면, 집안 내력은 대대로 유전된다. 골턴은 저서 《유전적 천재》(1869)에서 부모의 우수한 지적 능력은 자녀에게 유전된다고 주장했다. 박성빈, 박정희, 박근혜 가문은 아버지와 딸이 대통령이 되는 '3대 정치 명문가'를 이루었으나 오늘날 비운의 군인 가족이 되고 말았다.

공직자 집안, 교육자 집안, 군인 집안을 보면, 공통점이 하나 있다. 바로 엄격함이다. 엄격함은 절제력과 인내력으로 성공 신화를 만들지만 자칫 권위주의적인 성향을 띠기도 한다. 이러한 집안 분위기, 즉 가풍은 자식들에게 영향을 주게 된다.

나의 아버지는 때때로 군인처럼 느껴질 정도로 자신에게 엄격했고 자식들에게도 엄격했던 전형적인 교육자였다. 아버지는 퇴임한 후에도 평생 글 쓰고 책 읽는 교육자의 삶을 사셨기 때문에, 나는 교육자 집안의 분위기를 잘 알고 있다.

정치인 집안 & 사업가 집안 & 운동선수 집안 & 예술가 집안

김대중은 대선 후보 시절에 김해(金海) 김씨 종친회에는 반드시 참석해 제례복을 입고 제사를 지냈다. 김해 김씨의 시조로 가락국의 초대왕을 지낸 김수로에게 지내는 제사였다. 호남 출신이자 유배지의 후손이었던 김대중은 영남에 기반을 둔 왕손의 후손임을 강조하여 동서 화합의 이미지를 만들고, 자신의 가문 콤플렉스도 극복하고자 했다.

김대중이 태어나고 자란 섬 하의도는 멀리 고려 시대부터 유배지였고 조선 시대와 일제강점기를 거치며 유난히 소작쟁의가 많았던 저항의 섬이었다. 그만큼 하의도는 착취와 수탈이 심했던 고난의 섬이기도 했다. 조상의 피는 속일 수 없었을까? 김대중은 정치에 입문해서 유감없이 능력을 발휘했고 천신만고 끝에 정상에 올랐다.

조상에 '정치인의 피'가 흐르면, 후손들에게도 '정치인의 피'가 나타나는 확률이 높다. 김영삼 대통령의 조상 중에는 유난히 '정치적 인물'이 많았다. 김영삼은 금녕(金寧) 김씨인데, 그 시조인 김시흥은 신라 경순왕의 8대손인 동시에 신라 김씨의 원조인 김알지의 35세손이다. 고려 시대에 묘청의 난을 평정한 공로로 김녕군에 봉해진 이후 대대로 관직을 해오다가, 임진왜란 무렵에 김녕 김씨 형제가 경주에서 거제도로 옮겨와 자리를 잡았다. 김영삼은 금녕 김씨 28대손으로 조선 세조 때 세상을 떠난 사육신(死六臣) 중의 한 사람인 김

250

문기의 후손이다. 김영삼에게는 세조의 패권주의에 반대하다 수난을 당한 반골 양반의 피가 흐르고 있었다.

임진왜란을 피해 거제도로 내려와 터를 잡은 김영삼의 선조들은 거제도에 딸린 큰달섬과 작은달섬을 중심으로 번창했다고 한다. 김영삼의 선조들은 외지에서 들어온 탓에 외부 문물에 익숙했고 개방적인 성향이 강했다. 덕분에 김영삼의 아버지는 일찌감치 사업에 성공해서 거제도 일대에서 제일가는 부자가 되었다. 당시로서는 드물게 개방적인 기독교를 받아들여 동네에 교회를 짓고 마을 사람들을 전도했다. 사업가 가풍에 기독교 가풍이 더해진 것이다. 덕분에 김영삼은 20대 중반에 국회의원이 되었다.

노무현 집안은 힘겹게 남의 논밭 일구어 먹고사는 농사꾼 집안이었다. 옛날 가난하게 살았던 우리 할아버지, 할머니의 모습이었다. 하지만 거슬러 올라가면 뼈대 있는 가문이었다. 노무현의 16대조는 정승을 지냈고, 10대조에 임금의 오해를 받아 봉화마을로 내려와서 은거하다시피 살았다. 조상이 왕의 오해를 받아 쫓겨났다는 점이 흥미롭다. 8대조의 부인은 어사 박문수의 추천을 받아 지금도 동네에 열녀비가 세워져 있다. 조상에 정승도 있었고 열녀도 있었다. 봉화마을 근처에는 가야 시대의 왕자가 은거하며 살았다는 자왕골이 있다고 한다. 퇴임한 노무현 대통령은 가야 시대의 왕자처럼 봉화마을에서 조용히 살고자 했던 것일까?

노무현의 집 근처에 있는 봉화산은 반경 4킬로미터 이내에 김영삼 대통령을 비롯해 유명 정치인과 사법 고시 합격생들을 많이 배출했기 때문에, 노무현도 언젠가 출세할 것이라는 믿음이 일가친척들 사이에서 있었다고 한다. 실제로 노무현은 사법 고시에 합격하고 국회의원이 되고 장관이 되고 결국 대통령이 되었다.

"물건을 팔 때는 상대방의 눈을 똑바로 쳐다보거라, 잉!" 어린 이명박은 시장에서 어머니에게 꿀밤을 얻어맞아 가며 상술(商術)을 배웠다. 이미 5세 때부터 시장에서 어머니를 따라다녔고, 상고와 상대를 나온 뒤에 건설 회사에서 승승장구했다. 어머니에게 직접 '장사하는 법'을 배운 것이다. 형 이상득도 대기업에서 일하다가 정치에 입문했다. 이명박의 아버지는 일제강점기에 일본으로 건너가 사업을 시작했지만 해방 후 귀국하고서는 실패하고 말았다. 온 가족이 장사하고, 사업을 한 것이다.

이명박은 서울시장 재직 중에는 '청계천의 신화'를 이루었고, 대통령이 된 뒤에는 4대강 건설사업에 승부수를 걸었다. 기업 운영하듯 국가를 운영한 탓인지 그의 말로는 비참하다.

전두환 집안의 가풍은 '운동선수 분위기'가 강했다. 체격 좋고 싸움 잘하며 어울리기 좋아하는 분위기라고 할까? 전두환의 아버지가 일본 순사를 내동댕이쳤다는 일화를 떠올려보면 보통 완력이 아니었다. 아버지를 닮았는지 아들 전두환은 중학교 때 교내 권투부에 들어갔다. 어깨에 권투 글러브를 메고 집에서 학교까지 왕복 20리

(약 8킬로미터)가 넘는 길을 걸어 다녔다. 권투에 소질이 있었고 권투부임을 자랑스럽게 여겼다. 체구가 단단해서 중학교 때 별명이 '몽땅'이었다. 육사 시절에는 축구 골키퍼로 활동했다. 동생 전경환은 태권도 유단자로 5공화국 체육계의 실력자로 통했다.

운동선수 가풍에 군인 가풍이 더해졌다. 전두환이 '군인 집안'인 이순자와 결혼한 것이다. '운동선수 집안'과 '군인 집안'이 힘을 합쳐 격동기 현대사의 권력을 찬탈한 것인가?

전두환은 가문과 관련하여 '가야산의 정기'를 곧잘 거론한다. 그의 전기 《황강에서 북악까지》를 보면, 전두환을 "갓난아이 때부터 울고 보채는 일이 없었고 가야산 정기를 타고난 아이"라고 묘사하고 있다. 가야산은 전두환이 태어난 경남 합천에 있는 산으로, 산에는 우리나라 3대 사찰 중 하나이자 팔만대장경으로 유명한 해인사가 있다. 전두환은 몰락한 양반 가문의 후손이라고 한다. 13대조인 전제가 임진왜란 때 영산 현감으로 왜군과 싸우다 권율의 명령을 어긴 죄로 처형당했고, 이후 가문에서 무관이 몇 명 나온 것 외에는 거의 벼슬길이 끊어졌다고 한다.

노태우의 가문은 조선 세조 때부터 성종 때까지 영의정을 지낸 문광공 노사신의 15대 후손이다. 조상이 영의정을 지냈다면 자긍심이 만만치 않았을 것이다. 노태우의 가풍을 언급할 때마다 '불교'를 빼놓을 수 없다. 대구 집 근처의 팔공산에는 절이 많았고, 할머니와 어머니가 독실한 불교 신자였기 때문에, 불교적 성향이 진할 수밖에 없다. 노태우의 어머니는 결혼 후에 자식이 생기지 않자 100일 불공을 드리는 등 온갖 애를 쓴 끝에 9년 만에야 노태우를 임신했다. 흔히 불교풍(風)은 차분함과 기다림, 인내심을 담고 있다.

노태우는 '예술가 집안'이기도 하다. 아버지가 풍류에 일가견이 있었고, 아들 노태우도 노래와 음악에 소질이 있었으며, 손녀 노소영 씨는 예술 코디네이터 분야에서 일하고 있다. 3대에 걸쳐 예술가 기질이 있었다.

아울러 노소영의 딸, 그러니까 노태우의 손녀는 해군 장교였다. 할아버지(노태우)의 군인 기질을 물려받아 손녀딸도 군인이 되었던 것이다. 노태우 집안은 '예술가 가풍'인 동시에 '군인 가풍'이라고 할 수 있다.

권력자들의
특별한 자녀 교육법

자식을 믿어라

당신의 아들이 공부는 제쳐두고 온종일 게임에 빠져 있다면? 당신의 아들이 술과 담배를 하다가 걸려서 유기 정학을 당했다면 어떻게 하겠는가? 혼쭐을 내준다? 그냥 내버려 둔다? 부모 입장에서 참으로 어려운 문제다.

문재인의 부모는 후자(後者)를 택했다. 초등학교 때 '수'는 거의 없고 우, 미, 양이 대부분이었지만 공부하라고 야단치지 않았다. 고3 봄 소풍 때 술 마시다 걸려서 정학을 당할 뻔했고, 여름방학 때는 술과 담배 때문에 정학을 당했지만 부모는 아무 말도 하지 않았다. 아무리 쪼들려도 아들 등록금만큼은 필사적으로 마련해주었다. 아들은 중·고등학교 6년 동안 부모로부터 잔소리를 듣거나 간섭을 받은 기억이 없었다. 공부 잘하던 아들은 서울대에 떨어지고 재수를 거쳐 경희대에 들어간 뒤 데모하다가 구속된다. 급기야 강제 징집을 당해도 부모는 별말이 없었다. 자식에 대한 확고한 믿음이 있었기 때문이다.

나도 자식을 키우면서 느끼는 점은 자식을 통제할 수 없다는 사실이다. 당신의 자녀는 어떤가? 억지로 통제한다고 되지 않는다. 문재인의 부모처럼 우리가 정직하고 열심히 사는 모습을 보여주면 자식들도 언젠가 깨닫고 스스로 변하지 않을까?

친어머니와 양어머니의 합동 작전

세상에서 가장 '좋은 어머니'를 두 명씩이나 둔 사람은 아마 미국의 제16대 대통령 에이브러햄 링컨뿐일 것이다. 링컨의 친어머니 낸시 행크스는 독실한 크리스천으로 아들에게 성경을 열심히 가르쳤다. 하루 일과가 끝나면 어린 링컨을 무릎 위에 눕히고 모세나 다윗과 같은 성경 속 위인들의 이야기를 재미있게 들려주었다. 링컨은 성경 공부를 하면서 성경 속 위인들처럼 위대한 인물이 되겠다는 꿈을 키워나갔다. 어머니 낸시는 저녁 식사 시간이나 후식 시간에는 아름다운 목소리로 찬송가를 불러주었다. 불행히도 링컨이 10살 되던 해인 1818년 10월 5일 어머니는 풍토병으로 세상을 떠나고 말았다. 청천벽력과도 같은 슬픔이었다.

하지만 하나님이 도왔을까? 새어머니 사라 부시 존스턴은 링컨을 따뜻한 사랑으로 품어주고 성경 공부도 가르쳐주었다. 생모에 이어 계모도 독실한 크리스천으로 링컨을 각별히 보살펴주었다. 훗날 링컨은 "나의 성공에 어머니를 빼놓고 얘기할 수 없다"고 말했다. 여기서 어머니는 두 어머니를 의미한다. 새어머니 사라는 어린 링컨의 글쓰기와 웅변 능력이 탁월하다는 사실을 알고 적극적으로 도와주었다. 링컨이 좋은 어머니를 두 명이나 만난 것은 일생일대의 행운이었다.

세계적인 위인들이 자식들을 어떻게 가르쳤는지에 대해서는 나의 저서 《대통령의 공부법》과 《대통령의 독서법》에 자세히 소개하고 있다.

효과적인 밥상머리 교육

"오늘 학교에서 가장 중요한 수업 내용은 어떤 거였니?" "요즘 가장 중요한 국제적 이슈는 뭐라고 생각하니?" 어머니는 밥 먹고 있는 아이에게 이런저런 질문을 던지면서 아이를 일깨워준다. 아침저녁으로 반복된 밥상머리 교육이 쌓이고 쌓여서 어느덧 놀라운 판단력과 분석력을 갖게 만들었다. 밥상 교육의 성공 모델로 꼽히는 케네디 대통령 어머니의 교육 방식이다. 케네디의 어머니는 각자 출근 시간이 다른 남편과 아들들을 위해 아침 밥상을 3~4번씩 차리기도 했는데, 그때마다 밥상에 마주 앉아 하루 일과를 묻거나 중요한 이슈에 대해 대화를 유도했다. 제럴드 포드 대통령의 어머니도 밥상머리 교육을 잘한 어머니로 유명하다. 미국 대통령의 어머니 중에는 식사 자리에서 대화를 통해 자식 교육을 시킨 경우가 많다.

한국의 식탁 문화는 어떤가? "빨리 밥 안 먹을래? 식사할 때 말하면 복 달아난다!" 미국에서는 식사할 때 편안하고 자유롭게 대화하면서 서서히 먹는 것을 미덕으로 여기기에 식탁을 또 다른 교육의 공간으로 활용한다. 이제 우리의 식탁 문화도 바꿔보자.

아버지의 자식 건강 관리

미국 대통령 중에서 가장 '좋은 아버지'를 가진 사람은 아마 26대 대통령 시어도어 루스벨트일 것이다. 1900년대 초 재선 대통령을 지낸 루스벨트 대통령의 아버지는 병약한 아들이 태어난 순간부터 헌신적으로 보살폈다. 루스벨트는 선천적으로 천식이 심해서 밤마다 숨이 금방이라도 끊어질 듯이 헉헉거렸다. 그때마다 아버지는 아들을 품 안에 안은 채 4륜 마차를 몰고 뉴욕의 밤거리를 질주했다. 인적이 드문 밤거리의 맑은 공기를 들이마시면 아들의 발작이 멈추리라는 생각에서였다. 아버지는 아무리 깊은 잠에 빠져도 아들의 기침 소리가 조금만 들려도 총알처럼 벌떡 일어나 달려가서 아들의 가슴을 쓸어 내려주었다.

루스벨트의 아버지는 아들에게 뜨거운 부정(父情)과 함께 용기와 희망을 불어넣어 주었다. 아버지가 11세의 아들에게 말했다. "세상에 노력해서 안 되는 일은 없단다. 너는 다 좋은데 몸이 약해서 탈이구나. 이제부터라도 열심히 운동하면 튼튼해질 수 있을 것이다."

이때부터 루스벨트는 매일 하루도 거르지 않고 운동을 한 끝에 천식도 사라지고 최고 명문 하버드대에 입학할 수 있었다. 웃통 벗은 시어도어 루스벨트의 사진을 보면 그야말로 '몸짱'이다. 불행히도 아버지는 아들이 대학 2학년 때 위암으로 세상을 떠나 아들이 대통령이 되는 것을 보지 못했다.

훗날 루스벨트 대통령은 고민이나 슬픔이 생길 때면 아버지를 떠올리며 이렇게 말했다. "나는 중요한 결정을 내릴 때마다 아버지를 떠올리지 않은 적이 없다. '아버지라면 이럴 때 어떤 결정을 내렸을까?' 하고 생각하면 결정이 쉬워진다!" 시어도어 루스벨트에게 아버지는 생명의 은인이요, 인생의 길잡이였다. 우리는 아들이 힘들어할 때 어떤 역할을 하는지 생각해보자.

나쁜 아빠 vs 좋은 아빠

"절대 기죽지 말고 상대를 장악하라!" 군대 교관의 말이 아니다. CEO 출신인 트럼프의 아버지가 아들에게 가르친 말이다. 아버지는 그것으로 부족했는지 10대 아들을 실제로 뉴욕에 있는 군사학교에 보냈다. 트럼프는 우리나라 중·고등학생에 해당하는 나이에 아버지의 강압적인 권유로 일반 학교가 아닌 군사학교에 들어가 군대식 훈련을 받았다. 나중에는 펜실베이니아대 와튼 스쿨에 들어갔지만, 트럼프는 군인 출신인 셈이다.

그래서일까? 트럼프는 2017년 대선에서 한참 앞서가던 힐러리에게 기죽지 않고 따라붙어 결국 미국을 장악했다. 트럼프의 아버지는 '좋은 아빠'일까, '나쁜 아빠'일까?

오바마의 친아버지는 아프리카 케냐 출신인 데다 역마살이 있어선지 일찌감치 가정을 버리고 자기 갈 길로 떠나버린 '나쁜 아빠'였다. 이어서 만난 양아버지는 인도네시아 출신의 이슬람교 신자였다. 오바마의 어머니가 인도네시아로 공부하러 갔다가 만나 결혼한 것이다. 미국에서 이슬람교에 대한 이미지가 좋지 않은 상황에서 이슬람교 신자 양아버지는 어린 오바마에게 '부끄러운 아빠'였다. 오바마는 백인 어머니와 흑인 친아버지와 이슬람교 신자 양아버지 사이에서 얼마나 심리적 갈등을 겪었을까? 오바마는 "어린 시절 아버지 때문에 놀림을 당해 남보다 몇 배 더 노력했다"고 술회했다.

결과론적이지만 '나쁜 아빠'와 '부끄러운 아빠'는 오바마를 '좋은 아들'로 만들었다. 그런 아픈 상처 때문인지 오바마는 가족의 가치를 그 무엇보다 중시했다. 대통령 된 뒤에도 가족들과 함께 외식을 하고 아이들과 놀아주는 자상한 아빠의 모습을 미국 국민들에게 자주 보여주었다. 덕분에 퇴임 이후에도 국민으로부터 높은 인기를 누리고 있다.

260

클린턴 대통령은 포악한 양아버지 밑에서 힘들게 자랐다. 알코올 중독자인 양아버지는 아내와 어린 클린턴을 구타하고 괴롭혔다. 클린턴은 결손가정에서 강인한 인내심을 기르며 '반드시 훌륭한 사람이 되고야 말겠다는 '빅맨 콤플렉스(Bigman Complex)'를 갖고 노력한 끝에 아칸소 주지사가 되고 결국 대통령이 되었다. 나쁜 아빠를 뒀다고 원망하는 자녀들이여! 오히려 전화위복의 기회로 활용하기 바란다.

미국의 6대 대통령을 지낸 존 퀸시 애덤스(John Quincy Adams) 대통령은 아버지의 후광 덕분에 대통령이 되었다. 그의 아버지는 미국의 2대 대통령을 지낸 존 애덤스다. 아버지 애덤스는 엄격하고 교육열이 높았던 탓에 아들의 가정교사 노릇까지 톡톡히 해서 명문 하버드대에 입학시켰다. 이후에도 아버지는 아들이 변호사로 개업하고 주의원으로 당선되는 과정에 두 팔을 걷어붙이고 나섰다. 아버지는 대통령 재임 시에 아들에게 자긍심과 권력의 노하우를 전수해주었다. '좋은 아빠'이자 '열혈 멘토 아버지' 덕분에 아들은 30여 년 후에 대통령이 되었다. 부전자전의 성공 모델이었다.

그로부터 176년이 지나서 다시 부자(父子) 대통령이 탄생했다. 부시 대통령 가문이 그들이다. 아버지 부시 대통령은 재선 가도에서 클린턴 대통령에게 패했으나 아들 부시 대통령을 통해 설욕했다. 아버지 부시와 아들 부시는 유난히 사이가 좋았다. 아들 부시 대통령은 2014년 올리버 스톤 감독의 전기영화 〈W〉에서 '파파보이'로 묘사될 만큼 아버지 부시에 대한 존경심이 대단했다. 아버지 부시 대통령은 퇴임 후에도 백혈병 아이를 돕는 등 사회운동에 앞장서서 미국인들로부터 존경을 받았다.

권력자의 불행한 자녀들

아버지가 권력자라고 해서 마냥 좋은 것만은 아니다. 오히려 반대인 경우도 적지 않다. 우리나라 역대 대통령의 자녀들만 해도 구설에 휘말리는 자식들이 많았다.

초대 이승만 대통령의 양아들 이강국은 4·19 혁명과 함께 권총 자살로 생을 마감했다. 박정희 대통령의 아들은 한때 마약복용혐의로 구속된 적이 있었고, 딸 박근혜는 대통령이 되었지만 탄핵으로 임기 도중에 물러나 구속되었다. 전두환, 노태우 두 대통령의 아들들도 한때 비자금 세탁과 탈세 의혹 등으로 애를 먹었다. 김영삼과 김대중 두 대통령의 아들들도 국정 개입과 비리 의혹 등에 연루되어 재판을 받거나 구속되었다. 노무현 대통령의 아들은 아버지의 뇌물수수 의혹과 관련하여 검찰에 고발당했고, 이명박 대통령의 아들은 내곡동 사저 의혹과 관련하여 검찰 조사를 받았다. 박근혜 대통령은 자녀가 없으니 자녀 논란은 면했지만 가족처럼 지낸 최순실 일가의 국정 농단 사태에 의해 탄핵당하고 감옥에 갇히는 신세가 됐다.

그러고 보면, 대통령 아버지로부터 자유로운 자녀는 한 명도 없고, 자녀로부터 자유로운 대통령 아버지도 없다. 이 대목에서 중요한 권력의 법칙이 나온다. "아버지가 대통령이 되면 자식들은 무조건 조심해야 한다!"

미국 대통령들의 자녀들도 종종 논란에 휘말리지만, 우리나라처럼 비리에 연루되거나 비참한 경우는 드물다. 부시, 클린턴, 오바마 대통령의 자녀들 가운데 특별히 구설에 오른 경우는 없었다. 다만, 트럼프 대통령의 딸 이방카가 백악관의 실세로 불리며 정책뿐만 아니라 인사에도 개입한다는 의혹을 받고 있다.

미국 대통령사(史)에서 한 가지 흥미로운 사실은 미국 대통령을 지낸 아버지와 똑같은 이름을 가진 아들은 대부분 비참한 최후를 맞았다는 점이다.

미국의 최초이자 최후의 4선 대통령이었던 프랭클린 루스벨트의 아들 루스벨트는 다섯 번이나 이혼과 결혼을 반복한 끝에 뉴욕 명사록에서 제외되는 불명예를 겪었다. 아버지의 결혼 생활도 순탄하지 않았는데 아들의 결혼 생활은 더욱 순탄치 않았다. 9대 윌리엄 해리슨 대통령의 맏아들 해리슨은 횡령죄로 기소되었다가 재판 도중에 34세의 나이로 세상을 떠났다. 36대 린든 존슨 대통령의 아들 존슨은 35세에 자살로 추정되는 죽음을 맞았다. 35대 존 F. 케네디 대통령의 촉망받던 아들 케네디 2세는 38세의 젊은 나이에 자가용 비행기를 타고 가다가 대서양에 추락해 죽고 말았다. 41대 대통령 부시 1세의 아들인 부시 2세도 한때 알코올 중독으로 인생의 위기를 맞이했지만 잘 극복하고 대통령이 되었다. 아슬아슬했다.

　루스벨트, 해리슨, 존슨, 케네디 대통령처럼 아버지와 같은 이름의 자식들은 왜 비참한 최후를 맞았을까? 엄청난 중압감 때문이었을까? 무의식적인 반감 때문이었을까? 묘한 징크스가 아닐 수 없다.

부모를 보면 자녀의 미래가 보인다

미국 역사학자들이 성공한 권력자들의 부모 관계를 조사해보았더니, 놀랍게도 50% 이상이 어릴 때 부모를 여의었거나 한쪽을 잃은 사람들이었다. 성공한 사람 10명 중의 5명꼴로 결손가정이었다. 결손가정일수록 성공할 가능성이 높다는 것인가? 가정이 어려운 '흙수저'들은 절대 좌절하지 않길 바란다. 국내외를 불문하고 성공한 권력자들치고 평범한 어린 시절을 보낸 사람은 드물다.

손흥민의 아버지는 28살 때 심한 발목 부상을 당해 축구 선수의 꿈을 접어야 했다. 그는 자신의 못다 이룬 꿈을 아들에게 걸었다. 눈바람이 불어도 초등학교 3학년 아들의 손을 잡고 운동장으로 달려갔다. 방학도 없었다. 아버지는 자신의 실패를 거울 삼아 기본기를 철저히 가르친 다음에 고등학교에 들어간 후에야 슈팅 연습을 시켰다. '1만 시간의 법칙'을 굳게 믿은 아버지는 아들이 20대가 되자 하루 1,000번씩 슈팅 연습을 시켰다. 아들은 마침내 최고의 축구 선수가 되었다. 최근 유럽 5개 리그 선수를 대상으로 실시한 선수 가치 평가에서 손흥민은 9,040만 유로(1,194억 원)로 '1,000억 원의 사나이'가 됐다. 호날두나 메시와 겨루어도 손색이 없는 세계적인 스타가 된 것이다. 아버지의 한 맺힌 열정이 만들어낸 결실이었다. 손흥민은 인터뷰 때마다 말했다. "아버지는 나의 멘토이고 스승이고 모든 것입니다!"

President's
psychology

7장

권력자의 신앙, 왜 중요한가?

정신적 보루

기도하는 권력자

    모세가 이집트의 폭정에 시달리던 백성들을 데리고 홍해 바다를 건넜다. 그때 모세를 따라 나온 백성들의 숫자는 무려 200만 명, 장정만 60만 명이 넘었다. 이 어마어마한 숫자의 백성들을 이끌었던 모세 리더십의 원천은 무엇일까? 다윗이 골리앗을 물리친 이야기는 유명하다. 이때 골리앗의 키는 2미터 40센티미터, 몸무게는 갑옷과 무기를 합해 300킬로미터가 넘었다. 이 거대한 골리앗을 물리칠 수 있었던 다윗 리더십의 원천은 무엇일까? 사자를 때려잡은 천하무적의 삼손이 한낱 '들릴라'라는 여성의 유혹에 빠져버린 이유는 무엇일까? 부잣집 엘리트였던 바울이 스스로 고난의 십자가를 짊어진 이유는 무엇일까? 현명한 솔로몬 왕이 방탕의 나락으로 떨어진 이유는 무엇일까? 이런 궁금증에 대한 답을 찾을 수 있다면, 권력자들에게 많은 도움이 될 것이다.

나는 《하나님이 원하는 지도자》(2016)라는 책에서 성경 속 위인 10명의 리더십에 대해 현실적인 질문을 던지고 역시 현실적인 답을 찾으려고 노력했다. 30년 넘게 대통령 리더십을 연구해오면서 기도 속에 물어보곤 한다. "하나님이 원하는 지도자는 어떤 사람일까?" 당신은 괴롭고 힘들 때 누구를 찾는가?

신앙의 힘

'단거리의 황제' 우사인 볼트가 출발선에 섰던 모습을 기억하는가? 십자가 목걸이에 입을 맞춘 다음에 손가락으로 하늘을 향해 가리키는 모습을 가끔 볼 수 있다. 하나님께 드리는 기도였다. 0.001초가 중요한 100미터, 200미터 단거리 경주를 할 때는 작은 쇠붙이 하나도 몸에 부착하면 불리한데도 볼트는 하나님을 믿고 달렸다. 덕분에 세계 최고의 선수가 되었다. 그게 신앙의 힘이다.

트럼프 대통령은 링컨 대통령을 능가하고 싶었던 것일까? 당선 직후인 2017년 2월부터 매주 한 번씩 백악관에서 핵심 참모들과 함께 성경 공부를 하겠다고 밝혔다. 법무부 장관, 교육부 장관, 에너지 장관 등 측근 그룹과 예배를 드린다는 것이다. 그러면서 100년 만에 기도하는 백악관이 다시 등장했다고 너스레를 떨었다. 이 약속이 지금껏 지켜지고 있는지는 알 수 없지만, 대통령이 하나님을 섬기겠다는 약속 자체는 얼마나 좋은가?

기독교, 불교, 천주교의 차이

권력자의 신앙은 조직에 어떤 영향을 미칠까? CEO의 신앙은 회사에 어떤 영향을 미칠까? 종교심리학(Psychology of Religion)에 의하면, 신앙인에게는 두 부류가 있다. 하나는 초월적이고 부성적(父性的)인 신을 믿는 타입이고, 다른 하나는 내재적이고 범신론적인 사고에 매력을 느끼면서 자기 마음속에 있는 신성을 간직하는 타입이다. 전자는 기독교에, 후자는 불교에 가까워 보인다.

종교심리학의 관점에서 기독교와 불교의 차이를 잠깐 살펴보자. 기독교가 강한 '외향적 종교'라면, 불교는 부드러운 '내향적 종교'라고 할 수 있다. 기독교가 '불'같이 뜨거운 신앙심을 원한다면, 불교는 '물'처럼 차가운 신앙심을 원한다. 기독교 신자들은 소리 내어 통성(通聲) 기도를 하지만, 불교신자들은 소리 죽여 묵상(默想) 기도를 한다. 성경 속 위인들이 십자가에 매달린 예수님처럼 깡마른 체구가 많은 데 비해 불경 속 위인들은 달마대사처럼 배가 불룩 나온 풍만한 체구가 많이 등장한다. 기독교는 빠른 속도로 널리 전도하지만, 불교는 느리게 깊이 포교한다. 교회는 도심 속에 있지만, 절은 산속에 있다. 기독교가 현실 참여적이라면 불교는 현실 초월적이라고 할까?

이처럼 기독교와 불교는 서로 상반된 속성을 지니고 있다. 이 중간쯤인 제3의 지대에 천주교가 있지 않을까? 때로는 강하게, 때로는 부드럽게 강약의 온도를 스스로 조절하는 종교가 천주교인 것 같다. 정치적인 성향이 있지만 탈(脫)정치적인 성향도 있다.

이런 종교적인 차이는 회사와 국가 경영에서도 나타난다. 기독교인 CEO는 불같은 열정으로, 불교도 CEO는 물 같은 냉철함으로 회사를 경영하는 경향이 있고, 기독교인 대통령은 강력한 자기 소신으로, 불교도 대통령은 포괄적으로 국가를 경영하는 경향이 있다. 신앙이 깊은 권력자일수록 종교적 색채가 진하게 나타난다.

과거 민주화 운동에 앞장섰던 사람들 중에는 개신교 신도들이 많았다. 천주교와 불교 신자들도 적지 않았지만, 정치권에 깊숙이 몸담았던 종교인 중에는 기독교인(강원룡, 문익환, 문동환, 김상근 목사 등)들이 많았다. 일제하에서 독립운동을 주도했고, 임시정부의 주축이었던 안창호, 김구, 이승만, 김규식도 기독교인이었다. 3·1 운동을 주도했던 민족 대표 33인 가운데 기독교인이 16명으로 절반을 차지했고, 불교 신자는 2명이었다. 물론 숫자가 중요한 건 아니지만 기독교가 얼마나 현실 참여적인 성향이 강한지를 보여준다. 여기서 강조하고자 하는 바는 대통령의 종교가 의외로 국정 운영에 영향을 미친다는 점이다. 신앙의 속성상 눈에 보이지 않고 확인할 수는 없지만, 알게 모르게 국정 운영 스타일에 상당한 영향을 미친다. 종교심리학적 관점에서 우리 대통령의 신앙과 국정 운영의 관련성을 살펴보자.

대통령의 종교,
나라를 바꾼다

기독교: 이승만, 김영삼, 이명박

우리나라 대통령 중에서 가장 신앙심이 깊은 사람은 이승만 대통령이 아닐까 싶다. 20살 때 미국 선교사들이 운영하는 배재학당에 입학하여 개신교 기독교인이 되었고, 이후 국내 최초의 감리교회인 정동교회 장로를 지냈다. 20대 중반 한성감옥에 갇혀 있을 때 동료 죄수들을 전도한 공로를 인정받아 미국 선교사들의 추천으로 유학을 갈 수 있었다. 기독교 신앙 덕분에 일찍 신문명을 배웠고 목숨을 구했으며 미국 명문대로 유학을 갈 수 있었으며 한때 대한민국을 기독교 국가로 만들겠다는 '기독교 입국론'을 구상하기도 했다. 이승만의 '국내 기독교 인맥'은 임시정부와 독립운동의 주축을 이루었고, '해외 기독교 인맥'은 해방 정국과 6·25 전쟁, 전후 복구 과정에서 빛을 발했다. 1948년에 발표된 이승만 정부의 첫 내각에도 기독교 신자들이 많이 포함되어 있었다. 이승만 대통령이 90세의 나이로 멀리 하와이에서 세상을 떠났을 때 침대 머리맡에는 낡은 성경책이 놓여 있었다. 마지막 순간까지 즐겨 불렀던 찬송가는 〈멀리 멀리 갔더니〉였다. 찬송가의 제목처럼 살아생전에 중국, 일본, 하와이, 미국 본토로 '멀리 멀리' 돌아다녔다.

이승만 대통령에게 기독교 신앙은 삶과 정치의 '모든 것'이었다. 자신의 정치철학을 형성하고, 국내외 인맥을 만들고 나라를 구하는 데 큰 힘으로 작용한 것이다. 부인 프란체스카 여사도 기독교인이었다. 부부가 함께 기도하고 함께 교회에 다녔다. 다시 정리해보면, 이승만 대통령의 종교는 정신적 지주인 동시에 해외 유학의 통로였고 12년 장기 집권의 든든한 배경이기도 했다.

이승만의 종교를 살펴볼 때마다 눈길이 가는 것은 김구의 종교다. 김구 선생의 신앙은 파란만장한 삶만큼이나 복잡하다. 그는 맨 처음 유교(성리학)에 심취해 관상학, 역학 같은 책을 섭렵했다. 이후 천도교에 입문해 동학혁명에 주도적으로 참여했고, 다시 불교에 귀의하여 '원종'이라는 법명까지 받았다. 일부 문서에는 천주교 신자이며 세례명이 '베드로'라는 주장도 있다. 마지막으로 개신교(감리교)로 개종했다.

김구 선생이 유교 → 천도교 → 불교 → 천주교 → 기독교의 5개

종교를 두루 답습한 이유는 무엇일까? 서울 효창공원에 있는 백범 기념관 설명문에는 이렇게 기록되어 있다. "백범 사상의 뿌리는 유가, 도가, 도참가, 유가, 동학, 주자학, 불교 등 동양 사상을 망라한 위에 그리스도교와 계몽주의가 정착한 다원적이요 중층적이라는 특성을 보이고 있다. 그렇게 다양한 변화는 전환기를 살았던 젊은이가 보여준 지성적 고민의 단면으로 이해된다. 거기에 평민 사상과 행동주의 생활철학이 마지막 숨질 때까지 백범을 지켰다."

김영삼 대통령은 일가친척들이 모두 독실한 크리스천이다. 아내 손명순 여사의 처가도 전부 기독교 집안이다. 김영삼은 서울 강남의 3대 엘리트 교회 가운데 하나로 꼽히는 충현교회 장로로 잘 알려져 있다. 서울 강남에 있는 충현교회는 정·재계 유력 인사들과 법조인들이 많이 다니는 대형 교회로 유명하다. 김영삼의 할아버지는 일제하 무속인들이 많이 거주하고 있던 거제도에 교회를 설립하고 섬 주민들을 전도했던 선각자였다. 부모가 독실한 크리스천이었기 때문에 김영삼은 일찍이 학창 시절부터 교회에 다녔다. 덕분에 1992년 12월 대선 때 기독교계의 지지를 받았고, 대통령 당선 후에는 기독교 우대 논란에 휘말리기도 했다.

김영삼 정부 때 청와대 출입 기자였던 나는 청와대 참모들 가운데 유난히 기독교인들이 많았고, 그들의 집무실 책상 위에는 십자가와 성경책이 놓여 있었던 기억이 난다. 기독교를 믿는 김 대통령이 청와대 뒷산에 있는 불상(佛像)을 몰래 다른 곳으로 치워버렸다는 소문이 퍼져서 나를 포함한 출입 기자들이 직접 뒷산에 올라가 사실 무근임을 확인하는 일도 있었다. 부잣집에서 자란 김영삼 대통령이 스스로 험난한 야당 투사의 길을 택하고 숱한 고비를 넘기면서 좌절하지 않은 데에는 강인한 신앙적 소신이 작용했다.

현직 대통령이 공개 석상에서 무릎을 꿇은 것은 이유 여하를 불문하고 전무한 일이다. 예외가 생겼다. 이명박 대통령은 집권 4년차인 2011년 3월 3일 한국기독교총연합회가 주관한 국가 조찬 기도회에서 바닥에 무릎을 꿇고 1분가량 통성 기도를 했다. 당시 연단 위에 있던 김윤옥 여사와 정계, 관계, 재계 인사와 군 지휘관들도 일제히 무릎을 꿇고 기도했다. 사전 시나리오에 없이 주최 측의 갑작스러운 인도에 따라서 이루어진 것이었다. 파장은 컸다. 불교계가 성명을 내고 국민들 사이에서도 찬반이 엇갈렸다.

이명박 대통령은 임기 내내 종교 편향 시비에 휘말렸다. 2004년 서울시장 재임 중에는 "서울시를 하나님께 봉헌한다"라는 발언이 논란을 일으켰다. 보통 사람들은 이명박의 종교적 언행을 잘 이해하지 못하겠지만, 기독교인들은 이해한다. 이명박의 신앙은 어머니 배 속에 있을 때부터 하나님을 믿었던 모태 신앙이다.

어머니는 이명박을 포함해 7남매를 매일 새벽 5시경에 깨워 무릎을 꿇리고 기도를 드렸다. 간절한 마음으로 무릎 꿇고 소리 내어 기도하는 모습은 교회에서 어렵지 않게 볼 수 있다. 이명박은 강남에 있는 대형 교회인 소망교회의 장로였고, 부인 김윤옥 여사도 같은 교회에 다닌다. 집권 후에는 '고소영 인사'라는 말이 나올 정도로 소망교회 인맥이 부각되기도 했다. 이 대통령에게 기독교 신앙은 코흘리개 시절부터, 아니 태어나기 전부터 모든 것이었다. 이승만, 김영삼, 김대중 대통령과 마찬가지로 이명박 대통령에게 하나님은 외롭고 힘들 때 믿고 의지할 수 있는 버팀목이었다.

특히 새벽 기도에서 비롯된 새벽형 인간의 습관은 그가 CEO로 성공하는 데 큰 도움이 되었다. 하지만 어쩌랴? 재임 중의 뇌물 수수 의혹 혐의로 재판을 받고 있으니 말이다. 이제는 대통령으로서 공개 석상이 아니라 하나님의 종으로 집에서 무릎 꿇고 간절하게 기도해야 하는 처지가 되었다.

가톨릭: 문재인, 김대중

배고플 때 먹는 빵 한 조각은 쉽게 잊지 못한다. 빵을 주는 사람은 구세주나 다름없다. 문재인의 가족이 1·4 후퇴 때 남으로 피난을 내려와서 굶주린 배를 움켜쥐고 살아갈 때 가장 고마웠던 구세주는 빵을 나눠주던 성당 수녀님들이었다. 당시 성당에서는 강냉이 가루 같은 구호 식량을 배급해주었는데, 문재인은 초등학교 1~2학년 때 깡통 같은 것을 들고 줄을 서서 배급받았다. 그 적은 식량은 가족의 주린 배를 달래주었다. 그런 고마움을 갚고자 문재인의 어머니는 부산 영동구에 있는 신선성당에서 천주교 신자가 되어 어린 아들의 손을 잡고 성당에 다니기 시작했다. 문재인은 초등학교 3학년 때 영세를 받았고, 훗날 그곳에서 부인 김정숙 여사와 결혼식을 올렸다. 문재인의 세례명은 신약성경 속의 인물로 사도 바울의 제자 이름을 따서 '디모테오'라고 지었다. 부인 김정숙 여사의 세례명은 6세기 그리스도 선교사이자 성인의 이름을 따서 '골롬바'로 지었다. 문재인의 어머니는 신선성당을 다니고 있으며, 워낙 오래 다녀서 사목회 여성부회장, 성당의 신용협동조합 이사를 맡기도 했다.

문재인의 머릿속에 천주교는 단순히 종교적 차원을 떠나 가족의 애환이 고스란히 배어 있는 정신적 고향이자 가장 어려울 때 도와준 구세주라는 생각이 깊이 자리 잡고 있을 것이다.

김대중이 1992년 12월 대선에서 패배하고 영국의 작은 도시인 케임브리지에 머물 때였다. 아침 일찍 일어난 그는 집 베란다에 몰려든 참새들에게 열심히 모이를 주었다. "어떤 새길래 그렇게 열심히 모이를 주시나요?" 내가 물었더니 김대중은 미소를 지으며 설명해주었다. 예수님이 골고다 언덕에서 십자가에 못 박힐 때 손바닥에서 피가 튀었는데, 때마침 옆에 있던 새들에게 그 피가 묻었다. 예수님의 피가 묻어 가슴에 빨간색 무늬가 있는 이 새의 이름은 '로빈'이었다. 김대중은 이 새들에게 모이를 줄 때마다 예수님의 고난을 생각하면서 자신의 고통을 참고 견뎌왔다고 한다. 나는 그 설명을 들으면서 연신 카메라 셔터를 눌러댔다.

그가 6년간의 감옥 생활에서 기록한 《옥중서신》을 보면, 하느님에 대한 무한한 감사와 찬미, 신앙적 고백이 가슴 절절하게 나타나 있다. "용서 없이는 사랑이 없다. 부부간이든 부자간이든 벗과의 관계건 용서할 때만 사랑의 문은 열린다. 우리는 용서하고 또 용서해야 한다. 그리고 용서받고 또 용서받는 것이다!" 1980년 11월 25일자로 감옥에서 보낸 글의 한 토막이다. 서슬 퍼런 전두환 정권하의 감옥에서 언제 죽을지 모르는데 '용서'를 얘기하고 있다.

실제로 그는 1997년 12월 대선에서 승리해 집권하자 전두환, 노태우를 비롯한 군사정권의 중심 인사들을 사면 복권했다. 그의 종교적 소신이 정치적 소신으로 나타난 것이다. 그의 세례명은 정치적 신념을 지키다 죽은 영국의 성인 토마스 모어의 이름을 따서 '토마스'로 지었다.

부인 이희호 여사는 개신교 장로다. 두 부부는 상대방의 종교를 서로 존중하고 배려한 것으로도 유명하다. 덕분에 1997년 12월 대선 때 남편은 가톨릭계의 지지를, 아내는 개신교의 지지를 받는 데 도움이 되었다. 2019년 6월 11일 97세로 세상을 떠난 이희호 여사의 운구는 마지막 떠나는 길에 평생 다니던 신촌의 창천교회를 잠시 들렀다. 만약 김대중 부부에게 신앙이 없었다면, 숱한 죽음의 고비를 넘기지 못했을 것이다. 특히 김대중 대통령에게 종교는 삶과 죽음을 연결하는 단단한 동아줄이었다.

불교: 전두환, 노태우(개종)

"안녕하십니까? 저는 전두환이라고 합니다. 목사님의 설교를 (방송을 통해) 잘 듣고 있습니다!" 퇴임 이후 해외로 출국하는 비행기 안에서 우연히 만난 전두환은 옆 좌석에 있던 목사에게 성큼 다가와 인사를 건넸다고 한다.

퇴임한 전두환은 재임 중에 가깝게 지냈던 원로 목사들이 교회로 초청하면 가서 예배를 드리기도 한다. 전두환은 대구공고에 다닐 때부터 천주교를 다녀서 '성 바오로'라는 세례명도 있었다. 재임 중에 교황 요한 바오로 2세를 초청했고, 개신교와 꽤 좋은 관계를 유지한 것도 그 때문이다. 집권 초기인 1980년 10월에는 이른바 '법난(法難) 사건'으로 150여 명의 승려를 구속하는 등 불교계와 악연이 있었다. 전두환 임기 7년을 보면, 특별히 종교적인 성향은 보이지 않았다. 기독교, 천주교, 불교를 불문하고 권력에 반대하면 여지없이 탄압을 가했다. 전두환의 종교는 오로지 '권력'이라는 종교였다.

세상이 바뀌어 노태우 정권하에서 전두환은 2년가량 강원도 백담사에 갇혀 지냈다. 이곳에서 스님들과 가깝게 지내면서 자연스럽게 불교 신자가 되었다. 다시 김영삼 정권이 들어서자 엄혹한 '역사 바로 세우기' 작업이 이루어졌다. 5공 청문회가 열리자 전두환은 조계사에서 100일 동안 참회 기도를 드렸다. 전두환 대통령은 천주교, 불교, 기독교를 스쳐가는 모습이지만, 딱히 신앙이 있는 것 같지는 않다. 만약 그에게 깊은 신앙이 있다면, 5·18 민주화운동에 대해 이토록 반(反) 역사적인 모습을 보여주지는 않았을 것이다.

특별히 잘난 것도 없는 노태우가 1987년 12월 대선에서 백전노장인 김영삼, 김대중, 김종필 3인을 제치고 대통령에 당선된 비결은 무엇일까? 바로 '특별히 잘난 것도 없다는 것' 때문이라는 분석이 있다. 모나지 않고 두루뭉술한 이미지가 국민들로 하여금 '부드러운 지도자'로 착각하게 만들어 승리했다는 것이다. 이러한 이미지의 뿌리는 불교다. 노태우는 아주 어릴 때부터 할머니의 등에 업혀 대구 집 근처 팔공산 자락에 있는 동화사와 파계사 같은 절에 따라다녔다. 절에서 만난 스님들은 어린 노태우의 커다란 귓불을 만지며 "항상 둥글둥글하게 살아야 한다!"라고 말했다고 한다.

실제로 노태우의 삶과 성격과 리더십의 요체는 둥글둥글함, 나쁘게 말하면 두루뭉술함이었다. 한때 그는 출퇴근 길에 승용차 안에서 《금강경》독송 테이프를 들었고,《천수심경》은 하도 많이 들어서 달달 외울 정도였다. 재임 5년 동안에 보여준 노 대통령의 우유부단한 통치 스타일은 불교적 영향을 많이 받은 것 같다.

퇴임 후 와병 중에 노태우의 신앙은 획기적 변화를 맞는다. 10년 넘게 장기 투병하던 중에 딸 노소영 씨로부터 전도를 받고 기독교로 개종했다. 딸이자 SK 그룹 회장 부인이었던 노소영 씨는 교회에 다니는 재벌가 여성들의 봉사 모임의 회장을 맡을 정도로 독실한 기독교 신자다. 노태우는 〈국민일보〉와의 병상 인터뷰에서 이렇게 말했다. "내가 만약 다시 태어난다면 기독교인이 되고 싶습니다!"

무교: 노무현, 박정희, 박근혜

김수환 추기경이 노무현 후보에게 물었다.

"종교가 있습니까?"

"예, 1986년에 부산에서 송기인 신부에게 영세를 받아 '유스토'라는 세례명을 받았지만 성당에 못 나가고 프로필을 쓸 때마다 종교란에 무교라고 씁니다."

"하느님을 믿습니까?"

추기경이 다시 묻자 노무현은 고개를 떨군 채 희미하게 대답했다.

"믿습니다…."

"어려움이 닥치면 하느님께 모든 것을 맡기십시오!"

말끝을 흐리는 노무현에게 말하자 노무현은 웃으며 다시 대답했다.

"앞으로는 종교란에 방황이라고 쓰겠습니다."

주위에서 웃음소리가 들렸다. 대선을 6개월가량 앞둔 2002년 6월 20일 당시 민주당 후보였던 노무현이 종로구 혜화동 가톨릭 대주교관에서 김수환 추기경과 나눈 대화였다. 이 짧은 대화 속에 노무현의 종교관이 엿보인다. 통합을 유난히 강조한 노무현은 '무교'를 고수했다.

어릴 때는 어머니의 영향을 받아 불교에 관심을 갖기도 했고, 절에서 1년 6개월 동안 고시 공부를 할 때는 틈틈이 불교 경전을 탐독하기도 했다. 잠깐 교회에 다닌 적도 있었지만, 공식적으로는 '종교 없음'이라고 밝혔다. 부인 권양숙 여사가 2002년 12월 대선을 앞두고 고승으로부터 '대덕화'라는 법명을 받기도 했지만 공식적인 종교는 아니다. 노무현은 종교는 없었지만 누구보다 자신의 '자아'를 확고하게 믿는 사람이었다. 아쉬운 것은 그가 만약 독실한 신앙인이었다면, 부엉이바위에서 뛰어내릴 수 있었을까 하는 점이다.

박정희 대통령의 집권 18년을 보면, 특별히 종교적 색채는 없다. 정식으로 믿는 종교도 없었다. 다만, 10대 학창 시절에 친구를 따라서 경북 구미에 있는 상모교회에 다닌 적이 있었다. 오래 다니지는 않았지만 옛 추억이 남아서인지 훗날 대통령이 되었을 때 그 교회를 후원했다고 한다. 덕분에 상모교회는 낡은 건물을 개·보수한 것으로 알려졌다. 박 대통령의 저서와 글에서 종교적인 색채를 찾아보기 어렵지만, 불교 신자인 육영수 여사의 영향을 받은 탓인지 다소 친불교적 성향을 보였다. 그래도 보수적인 기독교계는 박정희 정권에 우호적이었다.

박 대통령은 1979년 세상을 떠나기 몇 달 전에 한국을 방문한 지미 카터 미국 대통령으로부터 개신교 신자가 될 것을 권유받기도 했다. 당시 육영수 여사가 세상을 떠난 이후 5년 동안 박정희의 영혼은 지칠 대로 지쳐 있었다. 오로지 술에 의지했다. 그 무렵 박정희 대통령의 최측근이었던 차지철 경호실장이 교회 장로로 독실한 크리스천이었다는 사실이 아이러니하다. 박 대통령이 카터 대통령의 권유가 받아들여 독실한 크리스천이 되어 술을 끊었다면 궁정동의 술판은 없었을 것이고 역사는 바뀔 수도 있다.

박근혜 대통령은 2012년 12월 대선 때 공식적으로 '무교'임을 공개 천명했다. 기독교, 천주교, 불교 등 어떤 종교도 믿지 않는다는 것이다. 그런데도 대선 때 기독교계와 불교계의 적극적인 지지를 받았다. 대선 캠프에는 사랑의교회 인맥들이 많았고 이들은 집권 후에 요로에 중용되었다. 정부 출범 후 초대 청와대 수석비서관 12명 중에서 8명이 개신교 신자였고, 초대 장관 18명 가운데 종교가 있는 9명 중에서 4명이 개신교 신자였다. 집권 중반기에 집권당 대표였던 이정현 의원과 마지막 총리를 지낸 황교안 대표도 독실한 크리스천이다. 박근혜 대통령이 믿는 진짜 종교는 무엇인가? 그 대답은 그의 삶만큼이나 복잡하다.

10대 청소년기에는 천주교의 영향을 많이 받았다. 그가 다녔던 성심여중·여고와 서강대학교가 모두 가톨릭에서 운영하는 학교였다. 자연히 신부와 수녀들을 접할 기회가 잦았다.

20대 때는 어머니 육영수 여사가 갑자기 세상을 떠난 뒤부터 불교의 영향을 받기 시작했다. 어머니와 외할머니가 독실한 불교신자인 데다 어머니를 잃고 슬픔을 견디는 데 불교의 명상과 수행이 도

- **이승만** : 기독교
- **박정희** : 무교
- **전두환** : 불교
- **노태우** : 불교에서 기독교로 개종
- **김영삼** : 기독교
- **김대중** : 천주교(부인 기독교)
- **노무현** : 무교
- **이명박** : 기독교
- **박근혜** : 무교
- **문재인** : 천주교

움이 되었다. 그런 인연으로 2000년 조계종 종정으로부터 '대자행'이라는 법명을 받았고, 2006년에는 다시 동화사에서 선덕여왕의 이름을 따서 '선덕화'라는 법명을 받았다. 박근혜의 자택에는《금강경》같은 불교 서적이 많고, 요가 같은 불교적 수행을 오랫동안 해왔다.

그러다가 30대에 들어서면서 개신교와 인연을 맺기 시작한다. 이때 등장한 사람이 최태민 목사이고 '구국십자군' 같은 단체를 만들어 활동했다. 1977년 5월 29일 AFKN과의 인터뷰에서 박근혜는 이렇게 말했다. "하나님의 은혜와 나의 노력으로 아버지의 외로움과 동생들의 허전한 마음을 어느 정도 채워줄 수 있으리라 믿습니다."

284

어머니의 죽음이 불교로 가는 길목이었다면, 아버지의 죽음은 기독교로 가는 길목이었다. 1979년 10·26 사태로 아버지마저 세상을 떠나고 2년이 지난 1981년에는 개신교 신학교인 장로회신학대학교의 기독교교육학 대학원을 한 학기 동안 다녔다.

2012년 12월 무렵에는 '사이비 종교설'과 '억대 굿판 소문'이 나돌았고, 2016년 탄핵 때 '역술인, 무당 의혹'이 나돌았다.

종합해보면 박근혜 대통령의 종교는 무교 → 천주교 → 불교 → 기독교 → 사이비 종교설에 이르기까지 복잡하다. 그의 마음은 또 얼마나 복잡할까?

하나님(신)이 원하는
지도자

**기독교: 황교안, 이낙연, 정세균, 손학규, 김부겸, 원희룡,
김문수, 남경필**

차기 대권 주자들의 종교를 보면, 다양하다. 이들은 자서전이나 신앙 간증을 통해 힘든 고비 때마다 하나님께 기도하며 신앙의 힘으로 극복했노라고 고백하고 있다.

독실한 크리스천으로 황교안 대표가 있다. 1980년대 사법연수원 시절에 낮에는 연수원에 다니고 야간에는 신학대학을 다니면서 전도사 자격증을 획득했다. 신학대학 교수인 아내와 함께 다니는 침례교회의 장로다. 한 기독교계 주간지에 황 대표 아내의 글이 실렸다. "남편은 (책을 쓰느라) 어김없이 새벽 2시에 기상을 했다. 기도하고 성경을 읽으며 교회에서 가르칠 성경 교재를 만들었다. 그렇게 11년이 지났고 몇 권의 책이 될 만한 자료들이 모아졌다. 남편은 하루 5시간의 수면이면 적당하다고 생각한다."

개신교 집사인 이낙연 총리는 지역구였던 전남 영광중앙교회와 서울 신반포중앙교회를 오가며 신앙생활을 하고 있다. 이총리는 2003년 아들이 목숨을 건 수술 끝에 기적적으로 완쾌한 것을 계기로 13년째 교회에 다니고 있다.

홍준표 전 대표도 크리스천이다. 2017년 5월 대선 때 부활절 합동 연합 예배에 참석했고, 기독교계를 위한 공약을 발표하기도 했다. 정세균 전 국회의장도 교회에 열심히 다니고 있다. 손학규 대표는 교회에서 결혼식을 했고 주례도 목사가 주관했다. 김부겸 의원은 교회 장로로 활동하고 있다. 원희룡 제주도지사와 경기도지사를 지낸 김문수, 남경필 전 의원도 기독교 신자다.

천주교: 안철수, 정동영, 나경원, 심상정, 오세훈, 김경수, 임종석
불교: 김무성, 유승민, 조국
무교: 박원순, 이재명, 유시민

천주교 신자로 정동영 대표, 심상정 대표, 안철수 전 대표, 오세훈 전 서울시장, 임종석 전 비서실장이 있다. 정동영 대표의 세례명은 '다윗'이고 심상정 의원과 오세훈 전 시장의 세례명은 각각 '마리아'와 '스테파노'다. 안철수는 국민의당 대표 재임 시절인 2017년 11월 국회 경당(주임신부가 상주하지 않은 성당)에서 세례를 받고 정식으로 가톨릭 신자가 됐다. 세례명은 '하상 바오로'다. 안 전 대표는 서울대 의대에 다닐 때 교내 가톨릭 학생회에서 아내를 처음 만나 함께 활동했으나, 정식으로 세례를 받지는 않았다. 나경원 원내대표의 세례 명은 '아셀라'다. 김경수 경남지사의 세례명은 '바오로'고, 임종석 전 비서실장의 세례명은 '프란치스코'다. 대권 주자는 아니지만, 문희 상 국회의장은 '바오로'라는 세례명을 가진 가톨릭 신자다.

불교 신자로는 김무성 전 대표와 유승민 의원이 있다. 두 사람의 출신지인 부산과 대구에는 사찰이 많고 불교 신자가 많은 편이다. 부산 출신인 조국 전 청와대 민정수석도 불교 신자인 것으로 알려졌다.

'종교가 없다'고 말한 사람은 박원순 서울시장, 이재명 경기도지사, 유시민 이사장이다. 유시민의 경우 2019년 한 방송에 출연해 종교와 관련한 일화를 소개했다. 그는 서울대 재학 중에 재판정에서 우연히 만난 가톨릭 신부(제정원)를 찾아갔다. '종교를 가지면 두려움을 없앨 수 있지 않을까?' 하는 기대감으로 찾아갔는데, 그 신부는 단호하게 말했다. "두려움을 극복하기 위해 교회에 나오겠다는 생각은 버려라. 세상에서 두려움을 모르는 존재는 오직 신뿐이다. 두려움은 극복의 대상이 아니라 오로지 참는 것이다."

종교 지도자의 사명

우리에게는 이름만 들어도 위안과 희망을 주는 종교 지도자들이 있다. 한경직 목사, 김수환 추기경, 성철 스님. 이들은 종교를 초월하여 국민들이 힘들고 고통스러울 때 정신적 지주가 되어주었다. 지금은 모두 세상을 떠났지만 아직도 우리 가슴속에 살아 있는 영적 지도자들이다.

우리 종교 지도자들은 일제강점기 36년과 군사정권, 민주화 과정에서 그들의 역할을 해왔고, 지금도 마찬가지다. 경기도 용인에 있는 새에덴교회의 소강석 목사는 13년째 6·25 전쟁에 참전했던 미군 노병들을 초청해 한미 우호의 첨병 역할을 하고 있다. 천주교의 이해인 수녀는 주옥같은 시(詩)로 세상을 따뜻하게 비추고 있다. 법륜 스님은 몇 년째 전국을 순회하며 중생들의 고민거리를 풀어주고, 혜민 스님은 자신의 저서 《멈추면 비로소 보이는 것들》을 통해 위로의 메신저 역할을 하고 있다.

종교 지도자들은 선거 때마다 직·간접으로 영향력을 발휘했다. 2020년 4월 총선과 2022년 5월 대선 때도 그럴 것이다. 덩달아 종교 지도자를 찾는 정치인들의 발길도 잦아진다. 바라건대, 종교 지도자들은 종교 여부를 떠나 정치 지도자들의 '신앙적 삶의 자세'를 눈여겨보았으면 좋겠다.

모세형 지도자보다 다윗형 지도자가 필요하다

우리는 '신(神)이 없다'고 단정할 수 없다. 그렇다면 '신이 있을 수도 있다'는 말이 된다. 만약 신이 존재해서 '보이지 않는 손'이 작용한다면, 다음 대통령으로 어떤 지도자를 선택할까? 우리는 최선을 다하되 신의 최종 선택을 기다릴 수밖에 없다. 삶도, 죽음도 마찬가지다. 부디 하나님이 대한민국을 지켜주기를 바란다. 성경에 나오는 모세의 리더십은 홀로 앞장서서 전진하는 진두지휘형 리더십이었다. 백성들은 모세가 싫든 좋든 무조건 따라야 한다.

만약 21세기에 모세가 대한민국에 나타나 "나를 따르라!"고 외친다면? "당신 먼저 가세요!"라고 하지 않을까? 이제 세상이 변했다. 지금 대한민국에는 모세형 리더십이 아니라 다윗형 리더십이 필요하다. 다윗은 약점도 많고 실수도 많았지만 그때마다 엎드려 용서를 구하고 백성들과 함께 나아갔다. 덕분에 다윗은 가장 부강한 나라를 건설했다. 지금 대한민국은 진정한 다윗형 지도자를 기다리고 있다. 종교와 무관하게 외롭고 힘들 때마다 조용히 눈을 감고 기도해보자. "부디 우리 국민에게 축복을 내려주십시오!"